別讓情緒「綁架」你的思緒

黛恩—編著

改變情緒，就能改變思緒 全集

Change for the better.

戴維思曾說：「任何感情用事的人，都無法做出正判斷，除非他的思緒不受情緒的影響。」

其實，想要故出正判斷，除了自己的思緒不能受到情緒的影響，更重要的是必須懂得去改變自己面對問題的思緒，

尼克勞斯曾說：「**改變心情，就能改變事情的結果。**」

人的思緒往往受到情緒左右，因此，一個人在處理事情之前，都必須先處理自己的心情，才不會在心情混亂的情況下，做出事後讓自己後悔不已的決定。

●黛 恩

改變心情，就能改變事情的結果

笑臉引笑臉，愁容帶愁容；你想要過
得愉快還是哀愁呢？選個表情裝上臉
吧！別忘了，假裝久了是會「弄假成
真」喔！

作家尼克勞斯曾說：「改變心情，就能改變事情的結果。」

人的思緒往往受到情緒左右，因此處理任何事情之前，必須
先處理自己的心情，千萬別在心情混亂的情況下，做出讓自己後
悔不已的決定。

變遷快速的現代社會，職場上的激烈競爭，緊張焦慮的生活
型態，很多人都或多或少有著心理壓力方面的困擾；如果不能夠
適時找到紓解心理壓力的管道，日積月累下來，很容易就會堆積
成病。有憂鬱傾向的人，更可能產生病理性的問題。

想要活得健康舒適且充滿活力，非得消除心中諸如敵對、嫉
妒、怨恨、懊悔、不安、挫折……等種種負面因素不可，所以，
隨時清空心裡積壓的垃圾是有其必要性的。

這裡有幾則練習技巧，例如經常培養好心情，認清壞心情的
背後那些垃圾思想和消極情緒，一定要把它們掃地出門；多讀勵
志書籍，它能教給我們許多改變情緒的好方法。除此之外，注意
儀容，走路挺直身軀，抬起頭來，衣著端莊，都可以帶給我們精

神上的鼓舞。

　　最重要的是，努力保持開心的笑容，即使是「強顏歡笑」也無妨，因為委靡不振的表情，是招惹霉運的根本原因。

　　有位女士整天愁眉不展，過著焦慮的生活，縱使一點點小小的事情也能使她感到不安與精神緊張。小孩的考試成績不好，往往就能令她憂心一整天，先生回家時偶爾幾句無心的話語，也會令她黯然神傷。

　　她說：「幾乎每一件事情，都會在我心裡盤旋很久，然後全部變成壞心情，繼續困擾我，幾乎影響了我的生活和工作。」

　　有一天，她工作上有一個必定要參加的重要會議，但是，那天沮喪的心情已經纏繞了她一整個上午。

　　會議之前，她拿出化妝鏡看了看自己鏡中的面容，不禁被那張無精打采的慘白臉孔嚇到了。她打電話給她的朋友，焦急地說：「怎麼辦？我的心情沮喪、模樣憔悴，一點精神活力也沒有，怎麼應付得了那場重要的會議？」

　　她的朋友告訴她一個有效的方法：「現在立刻把那些令妳沮喪的事情放下，別再想了，去洗把臉，把無精打采的愁容洗掉，補個妝、刷刷睫毛膏，讓妳看起來有自信一點。然後想像自己是全天下最快樂、最得意的人。記住，就算是裝也要裝出來，只要妳一直保持開心、充滿自信的樣子，好運也會跟著來的。」

　　雖然聽起來很簡單，但做起來是何其困難啊！可是這一場會議實在太過重要了，重要得讓她不得不背水一戰。於是，她鼓起勇氣，抱著破釜沉舟的決心，照著朋友的建議去做了。

　　當天晚上，她十分興奮地打電話給朋友，開心地說道：「這

個方法真的有效，會議進行得很成功，我爭取到那個新計劃和新工作。想不到強裝信心，信心真的會來；我發現，就算是假裝好心情，只要保持在那樣的狀態，壞心情也會自然消失。」

　　一個人想要擁有清晰的思緒，首先必須懂得掌控自己的情緒，隨時清除心中的情緒垃圾。如果你無法管好自己的情緒，再如何有條不紊的思緒，也會頻頻受到干擾而犯下錯誤。

　　改變情緒，才能改變自己的思緒和行為；相對的，一旦思緒改變，情緒也會跟著有所轉變。

　　美國牧師作家艾德華‧海爾曾說：「不要庸人自擾。自尋煩惱的人總在憂愁：過去的困頓、眼下的麻煩，與即將到來的問題。」

　　學習在危機中保持冷靜，在緊張時適時給自己鬆弛的機會，如深呼吸、運動、靜坐、旅行……等等，都能有不錯的成效。

　　無論如何，只要能保持開朗且積極的心情，就會讓每天的生活過得比較愉快，即使是假裝的也一樣有效。

　　心理學家做過實驗，對著剛出生的嬰兒，如果扮出憂愁哀怨的表情，不用多久，那個嬰孩就會跟著眉頭皺緊，說不定還會大哭出來；相反的，如果對著他們扮笑臉，他們也會咧開嘴角，露出可愛的笑容。所以說，笑臉引笑臉，愁容帶愁容，你想要過得愉快還是哀愁呢？選個表情裝上臉吧！別忘了，假裝久了是會「弄假成真」喔！

　　本書是作者舊作《改變情緒，就能改變思緒》與《改變思緒，就能改變情緒》的全新增修合集，除了針對內容進行刪修之外，另外也增加了十餘篇新稿，謹此說明。

C ONTENTS

Chapter 3
保持冷靜，才不會陷入窘境

遭逢無聊騷擾或挑釁，
　　先看清楚對方在玩什麼把戲，
就能夠從容應對。
　　保持冷靜，仔細觀察，
　　才是讓自己趨安避危的重要法則。

Chapter 4
抱怨，只會讓心情更加灰暗

　　命運並沒有刻意地虧待我們，
差別只在於我們的心情罷了，
　　所以，要選擇快樂或憂傷，
就看我們自己了。

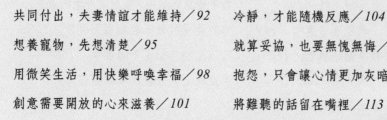

CONTENTS

Chapter 5
別讓悲劇絆住自己的腳步

別讓悲劇絆住了我們前進的腳步，
　　留在悲慘情緒的黑暗洞窟裡，
只會讓我們任憑痛苦折磨，
　　直至全身無力，哀嚎而終。

Chapter 6
可以堅持，但是不要固執

凡事可以認真但不要頑固，
　　可以有所堅持但不要故步自封，
人生就能夠因認真而美麗，
　　又不會因偏執而呆板了。

Chapter 7
讓幽默成為決鬥的利器

不必用一個髒字，
不必口出惡言和破壞形象，
　　照樣能把對手修理得亮晶晶，
這就是拿幽默當武器的強大效能。

Chapter 8
放空心靈，才會有好心情

你的心境，會幫你戴上一副眼鏡；
　　當你戴上一副快樂的眼鏡時，
你的世界是色彩繽紛的，是多彩多姿的。

C ONTENTS

Chapter 11
生命的轉變就在一念之間

生的時候傾盡全力實現夢想，
死亡就不等於生命的結束，
因為我們已在人間留下了美麗的軌跡，
從此活在別人心裡。

PART 1

你的心意
左右著事情的結局

累積起來的力量其實是可怕的，
不要輕忽自己小小的力量，
說不定這份力量就是重大事件的轉捩點。

想占人便宜，必會付出代價

在情感上，誰都不應該有想占人便宜的念
頭，因為，占了便宜所要付出的代價，可
能會超乎原來的想像。

　　雖然吃虧不一定會占便宜，但是，如果先有侵占他人之心，
不管怎麼說，在道理上就先輸了一截。要是最後偷雞不著蝕把米，
別人更會當你活該自找罪受，很難給予同情的。

　　談情說愛的時候更是如此，因為愛情沒有辦法用物質來交換，
用物質交換來的不是純粹的愛情。

　　弗利克斯在酒館向莉比搭訕之後，兩個人便開始約會。那一
天，兩個人相約進城，弗利克斯提議先到酒館喝一杯，然後再去
看電影，等電影結束後再到餐館好好吃一頓。

　　對於弗利克斯的提議，莉比欣然同意，不過有一個條件。

　　她說：「弗利克斯，你要明白，我是個新時代的女性，我不
喜歡占男士便宜，所以，我們各付各的。」

　　弗利克斯不想表現出一副唐突佳人的模樣，但是又想維持幾
分紳士風範，便回答說：「好吧，既然妳堅持的話，那我們輪流
作東好了，不然每一次都要斤斤計較再對分各半，未免太麻煩
了。」

莉比聽了聳聳肩，表示沒有異議。於是兩個人一起搭上計程車，來到城裡著名的酒館。下車時，莉比搶先拿出車錢付帳：「按規矩，女士優先。」

弗利克斯點點頭，面帶微笑地領莉比走進酒館大門。但是接下來弗利克斯就笑不出來了，因為莉比在酒館裡先是點了高貴的香檳，又點了好幾樣精緻的點心，讓弗利克斯足足花費高出車錢好幾倍的費用。

爾後的情況一再重複，總是由莉比支出像是車資、爆米花等小額的花費，至於電影票這類的高價開銷就老是落到弗利克斯頭上。後來他越想越不對，說好一人做一次東輪流付帳，可是到頭來怎麼會大部分的錢都是他在付？

於是，他開始想盡辦法要由莉比來支付晚餐的費用。經過一連串的巧合和意外，果然如弗利克斯所願，由他付完車錢，兩人進入餐廳用餐。

席間，弗利克斯決心給莉比一個教訓，於是他要侍者拿來菜單，而後大點特點，淨點些貴得嚇人的餐點，一方面要飽餐一頓，一方面也想給莉比點顏色瞧瞧。

結果，酒足飯飽之後，弗利克斯還不死心，特地要侍者為他送來雪茄順便拿帳單來結帳。可是，雪茄送來後，他身上剛好沒有火柴可以點火，畢竟他平常其實是不抽煙的。

這時，有個老太婆晃進餐廳裡來，沿桌兜售她籃子裡的雜貨。就這樣，弗利克斯還來不及讓莉比付晚餐錢，莉比已經先幫他買了一盒火柴點雪茄。這下可好，又輪到弗利克斯付帳了。

他漲紅了臉，只能拿出錢包硬生生地付出貴得嚇人的餐費，而後還得裝出一副怡然自得的模樣，表現自己的風度。

叫了車，送莉比回家，這回自然是由莉比出錢付車費，但是

當弗利克斯想討個臨別香吻時，莉比便狠狠把他給推了開來。

莉比冷冷地丟下一句：「我之所以不讓你一個人付帳，就是為了這個，別以為請女孩子吃個飯就可以動手動腳！」

弗利克斯自然是陰溝裡翻了船，非但花費了比原本預定還要多上許多的金錢，還無法一親芳澤。但是，弗利克斯的失敗是不值得同情的。因為，對男人的認知原本只是莉比的偏見，最後他卻真的成了個孟浪且魯莽的傢伙。

這場約會已經變了質，男女互動不是兩情相悅，而是在金錢上相互鬥智。顯然，在這場勝負之中，是莉比占了上風。

真正的男女交往，不該是誰勝過誰，誰又要服誰，而是一種自然和諧的相互分享。斤斤計較，只會磨損了可以沉澱成為愛情的成分。

在情感上，誰都不應該有想占人便宜的念頭，因為，占了便宜所要付出的代價，可能會超乎原來的想像。

試想，當一個女孩把一個男孩的口袋掏個精光，男孩又豈會輕易放過她？而一個只在乎你皮夾裡有多少錢的女孩，對你的喜愛會是真心的嗎？

如果，你在戀愛裡想到錢的時間比想到愛的時間多，何不暫且放開愛情，如此才不會浪費彼此的時間。

釋出善意，就能及時化解敵意

對他人仁慈，並不是要逼自己去當個濫好
人，而是先對人保持一點尊重，對方能夠
感受到你的善意，或多或少會減少惡意。

人與人之間的相處並不容易，因為，雖然每個人的五官表情
都寫在臉上，但是更多的時候，我們其實不知道對方的心裡真正
在想什麼。

因為無從得知，所以「表錯情」、「會錯意」等情況不時發
生，也經常衍生出誤會等情事。

在我們還無法信任對方之前，採取守勢甚至防衛的架勢都是
正常的。然而，在雙方同在試探的情況下，誤會產生的可能性也
就更大了。

蓓蒂的班上有個同學名叫約翰，可以說是標準的麻煩人物。
他經常以欺負別人為樂，比方說在別人走過的時候故意伸腳絆倒
對方，或是拉扯女生的辮子，要是有人多看他幾眼，他就會粗聲
粗氣地罵髒話。

約翰不只在自己的班上作威作福，其他班級年級的人一樣沒
人敢惹他，進出訓導室和輔導室已經是家常便飯一樣的事了。

蓓蒂對約翰的行為恨得牙癢癢的，可是每一次都被欺負，然

後氣哭回家。

有一天,蓓蒂決定把自己遇到的麻煩跟媽媽說。媽媽聽完蓓蒂的抱怨,在第二天蓓蒂上學前交給蓓蒂一袋棉花糖。

媽媽對蓓蒂說:「這袋糖妳帶去學校,發給每個同學兩個,然後告訴同學,他們可以吃掉一個,另外一個則要親手送給約翰。」

蓓蒂聽了非常驚訝,很不解媽媽為什麼要對約翰那麼好。

媽媽對她說:「想打敗敵人,要先對敵人仁慈,這是一個不錯的方法,妳先去試試看。」

對於媽媽的方法,蓓蒂心裡覺得很疑惑,不明白為什麼要對一個欺負自己的人好。不過,她到了學校,還是依照媽媽的意思把糖果發給同學,並且要求他們要分一個給約翰。

蓓蒂發完糖果,剛好約翰走進教室來,看他那副大搖大擺的樣子,蓓蒂忍不住皺了一下眉頭,結果約翰橫眉豎目地朝她走來。

蓓蒂見狀,只好硬著頭皮對約翰露出微笑,然後拿了一顆糖給他:「約翰,這顆糖給你。」

約翰好像被蓓蒂的動作嚇了一跳,表情有點怪怪地說了一聲謝謝,然後一口把糖吃掉。就在蓓蒂以為約翰會找她麻煩的時候,約翰卻一反常態,轉身回到自己的座位坐下。

蓓蒂不知道約翰那一天是不是吃到所有的糖,不過,一整天下來,被約翰欺負的人數確實大為減少。

後來,蓓蒂找到一個應付約翰的方法,一發現約翰想要衝過來用粗話罵她,她就先咧開一個笑容,然後以非常誇張的語調對約翰說:「嗨!約翰!」剛開始約翰像是被嚇了一跳而忘了把粗話說出口,後來,兩個人碰面時,竟也開始有了一般正常簡單的對話,而不是一個罵人一個被罵。

　　蓓蒂不知道為什麼這個方法有效，但是它真的有效。她想起媽媽的話，深信是那一顆「對敵人仁慈」的糖發生了效用。

　　儘管人心如面，各不相同。但事實上，人心並不是真的無法了解，透過行為表現，只要仔細觀察，我們還是能夠從中覺察出所以然來。

　　經由觀察一個人的所作所為，站在對方的立場上思考，或多或少就可以體悟對方心裡的感受。

　　約翰也許只是一個寂寞的小孩，因為不知道如何排解寂寞，所以選擇用暴力來偽裝保護自己。蓓蒂的糖和微笑，可能是破解關卡的重要關鍵，或許約翰只是從來不知道什麼是愛人與被愛的感覺。

　　對他人仁慈，並不是要逼自己去當個濫好人，而是在行為處事上先對人保持一點尊重，假使對方能夠感受到你的善意，或多或少會減少惡意的程度。人類其實有維護美好的本能，看到一件美麗可愛的事物因為自己的緣故而不再美麗可愛，內心多半會引發起一絲的愧疚感。

　　兩顆蛋相互撞擊，總有一顆會破裂。想成為一顆不破的蛋，把自己的殼變得更硬是個方法，但選擇不去撞擊也是個方法；再進一步來想，把自己軟化去包覆對方，又何嘗不是個方法？

你的心意左右著事情的結局

累積起來的力量其實是可怕的，不要輕忽
自己小小的力量，說不定這份力量就是重
大事件的轉捩點。

時間總是不間斷地繼續往前走著，很多事件在其中發生。有
時候，我們置身其中，未曾察覺自己正巧站立在關鍵的時間點上，
事後才明白我們的行動與抉擇，可能已經左右了事件的結局。

我們或許沒有太大的力量，也沒有太高的成就，但這並不代
表我們不會對世界造成任何影響。很多問題，都是點點滴滴地累
積起來的；很多善意也是點點滴滴地積聚起來發揮效用的。

那一天是耶誕夜，街上冷冷清清，路上的行人都匆匆趕路，
在這樣的日子裡，誰不想快點回到家享受一份過節的晚餐？

街角的鐘錶店仍然燈火通明，老闆埃德加正慢條斯理地整理
店裡的鐘錶。反正家裡只剩下他和失聰的妻子兩個人過節，稍微
遲一點開飯也沒什麼關係。

埃德加要妻子先去準備晚餐，自己則在送走最後一個客人之
後，準備關店門。就在他把一個客戶送修的音樂鐘放進櫃子裡的
時候，背後有人推開店門，送進來一陣冷風。

埃德加轉過身來，兩個身穿薄外套的男子走進他的店裡。他

們戴著帽子，一個看起來年紀大些，約莫五十歲，另一個則是二十左右的年輕小夥子。

埃德加心裡有點發毛，覺得來者不是善類，但是他強迫自己保持冷靜露出招呼客人的笑容：「您好，耶誕快樂，有什麼我可以幫你們的嗎？」

比較年長的那名男子手插在口袋裡，走近櫃台，把年輕的小夥子留在店門口。這時埃德加心裡猜想，這兩個人恐怕不懷好意，於是趕著在對方還來不及開口之前，就搶先低聲地問：「你們……是想當錶嗎？」

其實，埃德加開的是鐘錶店不是當舖，但是，喜愛鐘錶的他，每當看到有人拿著心愛的鐘錶前來典當應急，就會覺得相當不捨。所以，在他的店裡確實收了不少的「當錶」、「當鐘」，這些鐘錶的主人只要拿典當的錢來償還，就可以把自己的鐘錶拿回去，埃德加是分文利息也不取的。

那名男子聽了埃德加的話，遲疑了一下，隨後把手從口袋裡抽了出來，拔下手腕上的錶說：「這只錶，可以換多少錢？」

埃德加從男子的灰色眼中看見了一絲窘迫，於是問：「你需要多少錢？」

男子表情多了點奚落和諷刺，回答：「能換多少就多少！」

埃德加沒再說話，把手伸進放錢的抽屜，拿出一張五十美元的鈔票，塞進男子的手中，然後用力一握。

兩人握了手，對看一眼，彼此心中都明白那只錶並不值那麼多錢，男子扯了扯嘴角放開手，說道：「等我有錢，會馬上來贖回去。耶誕快樂！」

隨即，兩名男子便離開了埃德加的鐘錶店。

也許那兩個人本來是打算犯下搶案的,由於埃德加的行動,使得事件得以轉彎,有了不同的結局。

在能力範圍之內給予人方便,就不會讓對方因為一時的不便而引起其他的連鎖反應;能夠在許可的範圍內協助他人,就可能得以讓更多的人獲得協助。

累積起來的力量其實是可怕的,一個人樂捐一百元,就可以在很短的時間內募得百萬元;那麼,比起一百元更微不足道的事物呢?是否其實更不花費我們太多時間精力?

故事中的埃德加,或許就在他一時片刻間的善意中,為自己和對方積了福德,原本可能會遭到的搶劫下場,轉變成一個善意的交換,也或許拯救了另一個原本同樣可能遭受傷害的人。

所以,不要輕忽自己小小的力量,說不定這份力量就是重大事件的轉捩點。

為自己打扮，讓自己快樂

何不乾脆拋開這一切人工的束縛，讓的身體和心靈都好好地喘口氣？為了讓自己快樂才打扮，才能真正裝點出你的美麗。

　　每個人都愛美，女人希望自己嬌豔亮麗，男人希望自己的老婆、女朋友擁有賞心悅目的容貌，儼然已經形成了一種流行的趨勢。所以，許多化妝品及美容業者緊抓住大眾這樣的心理，透過種種廣告與包裝，讓許多人心甘情願掏出腰包，搶購一個個期待美麗的夢想。

　　由此可見，外在的形貌對於一般人而言，有莫大的影響。事實上，所謂的第一印象，就與個人的外表有極大的關係；而這個第一印象，又確實攸關著人際關係的建立是否良好。

　　日本作家櫻井秀勳曾經如此表示：「我並不提倡『人靠衣裝馬靠鞍』這句話，但是必須靠外表來判斷一個人的時候，首先看的還是臉和服裝。」

　　所以，得宜的裝扮，基本上是一項重要的自我管理工作，也是在社會中搶佔機會的重要利器。

　　只不過，打扮與裝飾，是為了加分而做的，如果運用過度，甚至掩蓋了本身的內涵，便成了喧賓奪主，反而失去了原味。

　　真正的美，不在於技巧，不在於質材，而在於恰如其分地展現出個體的本質。錦上添花可能會增添許多美麗的光彩，但細心

琢磨，也可能揭露出真實的光輝。所以，必要之外的裝扮，頗值得令人思量；有很多人在好看之外還要追求更好看，在華麗之外還要追求最華麗，但當衣櫥裡有超過五套你多年不曾去穿過的衣服時，恐怕就有必要為自己的購衣計劃多想一想了。

以下這一篇很簡短的故事，趣味之餘倒也值得深思。

在女裝店裡，有一位男士枯坐著等候太太試穿。

大約過了三十分鐘後，他太太總算從試衣間探出頭來，在這如坐針氈的時間中，他太太一共試穿了六件衣服。

他上上下下地打量了太太一番，說道：「不錯啊！這件衣服穿起來非常合身，我們就買這一件吧。」

「親愛的，我們到店裡來的時候，我穿的就是這一件。」

很多男人很不喜歡和女人一起逛街，更厭惡陪女人買衣服，因為女人總愛問他們好不好看，偏偏他們總是得為自己分辨不出其中差異而想辦法掩飾，正如故事中的丈夫。

其實，女人的打扮該是為了自己，為了自己所追求的美感而打扮，而不是為了他人。如果打扮是一種迎合，當對方不解風情、不懂欣賞時，你得到的只是一份無法排解的怒氣；如果打扮是一種勉強，一點也無法從自己的妝扮中獲得快樂，得到的只是一種難以忍受的折磨。

有一個女孩，覺得自己的胸部太小害自己交不到男友，因此決意進行胸部整型手術。做完手術，她覺得自己的身材變好了，因此有了自信和男生交往，也找到一個她很喜歡的男友。但是，

時間不過一年，她在胸部裡面填入的整形物發生破裂，結果使得她的胸部產生病變，形成腫塊，雖然經過搶救沒有致命危機，但是她的胸部從此失去感覺。

她不得不對男友坦承自己曾經整形，未來一生將繼續背負整形失敗的後果；她原本因為整形而建立起來的自信心，至此全然破滅。儘管男友沒有對她說過一句嘲笑的話，儘管男友不曾因此對她冷淡，但是她卻沒有辦法面對自己現在的醜陋。最後，他們真的分手了，她感到很傷心，因為她覺得事實證明，不完美的女人無法得到幸福。

然而，她的男友離去前對她說：「我本來喜歡妳，因為妳充滿自信的笑容真的很可愛，和妳交往之後，妳也是個可人的女孩。我沒有那麼在意妳的身材，我的在意是因為妳在意，而妳的在意現在已經壓得我喘不過氣來了。」

女孩的幸福，真的是整形帶來的嗎？她的不幸又真的是整形失敗所造成的嗎？答案當然是否定的。

當我們在臉上、身上無所不用其極地妝扮，何不想想是不是也有其他的方式可以來呈現出我們的美感？當我們被化妝品、緊身衣包裹得透不過氣來時，何不乾脆拋開這一切人工的束縛，讓身體和心靈都好好地喘口氣？

仔細思考一下，完全拷貝流行的妝扮，到底是會讓我們真的變美還是不倫不類？仔細思量一番，電視上的明星美女所提供的，真的是值得借鏡的美感？仔細評估一下，這些為了「美麗」而必須的付出，真的值得？真的是我們想要擁有的？當我們問明了自己的心，我們才能真正看出我們需求的「美」。

打扮是為了自己，為了讓自己快樂才打扮，才能真正裝點出你的美麗。

換掉不愛自己的腦袋

不去貪慕別人的好，不去嫌惡自己原有的一切，不苛責、不強求，我們的心才能自由，才得到真正的自在。

人，老是喜歡羨慕自己沒有的，就像叔本華所說的：「我們很少想到自己所有的，卻總是想到自己所沒有的。」

也就是因為這樣的想法，讓我們深陷於夸父追日的泥沼之中，掙脫不開、疲累不堪。世間本無事，庸人自擾之；我們自己的煩惱和苦痛，往往是自己找來的。想要尋求解脫，就要從心開始，懂得「放開」。

學不會「放開」，我們就永遠無法掙脫「盲目執著」的命運，永遠無法雲淡風輕，笑看風月。

有這麼兩個人，一個是體弱多病的富翁，一個是活蹦亂跳、身體健康的窮漢，彼此羨慕著對方的狀況。富翁宣稱為了得到健康，樂意讓出他的財富，窮漢則為了成為富翁，隨時願意拋棄健康，但是，兩人卻苦無機會交換。

不久之後，一位聞名世界的外科醫生發明了人腦交換的方法，富翁趕緊提議要和窮漢交換腦袋。如果他們換腦成功，那麼，富翁雖會變得一貧如洗，但他將能夠得到一個健康的身體；窮漢能

夠得到富翁原有的財富，成為一個富有的人，但他必須忍受病魔纏身的痛苦。

富翁不怕，因為他自認自己腦袋不變，正所謂「千金散盡還復來」，總有辦法賺得到錢，失去的財富終究會回到手上；而窮漢也不怕，因為他最擅長的就是活動筋骨，再說有了錢就沒了煩惱，正所謂「無債一身輕」，總會心寬體胖的，完全礙不著事。

手術成功了，窮漢成為富翁，富翁變成了窮漢。

過沒多久，成了窮漢的富翁由於有了強健的體魄，又有著成功的野心，漸漸地又積起了財富。但他始終因為賺錢而不知保重身體，又總是擔心這個、擔心那個，一點點小事便大驚小怪，久而久之，什麼毛病都跑出來了，於是他又變成一個有錢卻沒有健康的人了。

那麼，另一位新富翁又怎麼樣呢？

他總算有了夢寐以求的金錢，卻也有一個孱弱的身體，但是因為他始終沒學會賺錢的方法，雖然擁有一大筆財富，卻不斷地把錢浪費在無用的投資裡，應了「老鼠不留隔夜食」這句老話，沒多久錢便揮霍殆盡，又變成原來的窮漢。

可是，由於他「胸無大志」，一向無憂無慮，換腦時帶來的疾病竟不知不覺地消失了，他又回復以前那樣一副健康的身子骨。

最後，兩個都回到了原點。

多此一舉，對吧！

在這個故事裡，富翁和窮漢雖然換得了自己所要的身體，但是他們真正該換掉的是自己的腦袋，因為唯一的阻礙就是他們自己，觀念不改，行事也就大同小異，怎麼可能會有不同的結局呢？

　　希臘哲學家亞里斯多德說：「有人問寫一首好詩，是靠天才呢？還是靠藝術？我的看法是：苦學而沒有豐富的天才、有天才而沒有訓練，都歸於無用；兩者憑該相互為用、相互結合。」

　　富翁和窮漢所需要的，是正視自己的缺點，審視自己所擁有的，學習從愛自己開始，放開那些不切實際的想望，因為，正如孟德斯鳩所說：「如果只想快樂，是很容易實現的，但想比別人快樂則難，因我們總以為別人的快樂較我們所有的多。」

　　不去貪慕別人的好，不去嫌惡自己原有的一切，不苛責、不強求，我們的心才能自由，才得到真正的自在。

幸福，來自內心的認知

當我們來到生命抉擇的人生路口時，只需
憑著自己的本心行事就可以了，只有我們
認自己是幸福的，才能得到幸福。

什麼樣的際遇才能稱為幸福？

這個問題，恐怕「如人飲水，冷暖自知」吧！

世俗的觀念，一般人的看法，雖然是一種普遍性的答案，但
應該不代表所有人都是如此吧？就好像星座學，其實只是一種統
計下的「普遍性」資料，可以供作參考，可以看出趨向，卻不能
蓋棺論定地說在某某星座下的人都肯定是如此，一定會這樣。

試問，每一天、每一時出生的嬰孩何其多，又怎麼可能每一
個都是相同個性、本質與命運？如果每一個人都死板板地照著那
些資料活，也不一定能夠活出一模一樣的人生。

DNA排列最為相近的雙胞胎，都不可能會擁有一模一樣的人
生了，更何況不同父母所生，不同環境所培養的人呢？再說，跟
著別人的樣板而活，又有什麼意思呢？

以下的小故事，將告訴我們幸福其實有著不同的面向。

她是一位事業成功的女性，身為一名傑出的律師，接連打贏
了好幾場難度極高的官司，不只受到矚目，事業更是如日中天。

結婚了以後，丈夫相當支持她的工作與專業，而她也極力在事業與家庭之間尋求平衡。

有了孩子之後，照顧家庭的責任自然而然地瓜分了她在工作上的專注，因此她的事業腳步慢了下來，但是，她認為親情是無法以其他事物交換的，因此表現得無怨無悔。

然而，命運總是弄人的，她的兒子在三歲那年罹患了一種怪病，眼看著愛子飽受病魔的折磨，她毅然決然地離開職場，專心為兒子四處求醫。但是，訪遍各大名醫，所得到的結果都不樂觀，只能祈求奇蹟。

許多人勸她生死有命，還不如專心律師的工作，賺取更多的金錢，至少更有生活保障。但是她深信，沒有人可以像她那般深愛她的孩子、照顧她的孩子，她說：「我兒子需要的不是錢，而是母親的愛與陪伴，既然是我把他帶到人間，我就該為他的一生負責。」

她知道，光只有錢，是不夠的。

於是，一名叱吒風雲的女律師變成一個專心照顧孩子的母親；在原本一分為二的角色中，她選擇了自我成全，代價是將一切外在榮耀的光環拱手讓人，但她自始至終沒有一絲懊悔。

她陪著兒子一起渡過生命的難關，一起掙得了醫學的奇蹟，她的兒子不只存活了下來，而且成為一位獨立自主的醫科學生。他立志要成為一位名醫，以報答母親義無反顧的關愛與陪伴。

有許許多多的人為她可惜，認為以她的才華不應被埋沒在家庭之中，許多資質不如她的人，都得到了比她更高的地位與榮耀。

但是，她面對這樣的嘆息時卻笑了，伸出一雙粗糙的手，看了看，說道：「我的雙手都鑲滿了幸福，只是你們都沒有看到罷了。世間最寶貴的是生命，我用一生的精力塑造了一個生命，讓

我為自己的成就而感到自豪。其實，對於一個母親來講，任何工作都只是暫時的和外在的，只有一項工作是她一生的職業，那就是：愛孩子勝過愛自己。我首先是一個母親，然後才是一名律師或者別的什麼。」

她幸福嗎？相信每個人在看完了故事之後，都有不一樣的答案，但是那都不是她的答案。

我們心中都有一種幸福的樣子，都為幸福下了一種定義，唯有完全相符的時候，我們才會認為那樣是幸福的。然而，別人也有別人的想法，不需要將自己心中的觀念，硬套到別人身上；我們認為她幸福不幸福並不重要，只要她自己覺得快樂就足夠了，那就是她的幸福。

有位哲人曾經這麼說：「在我們所能做的職業裡，或許，最有挑戰性的莫過於『做我們自己』。」

所以，當我們來到生命抉擇的人生路口時，只需憑著自己的本心行事就可以了，因為只有我們認自己是幸福的，我們才能得到幸福。

假使，我們只是一味地追尋別人眼中的幸福，那麼我們只是在造就一個讓人欣羨的假象罷了，並不能讓我們真正得到幸福的感受。因為幸福的感受，只在你我的心裡。

不要把憤怒當成防衛的方式

一個人無故發怒，找人麻煩，或許我們該
憐憫他是個不會自我情緒管理的人，被自
己的悲慘情緒給折磨得不成人形。

馬克吐溫在《跟隨赤道》一書中，如此寫道：「每一個人都
是一個月亮，他有一個黑暗面從未展現給別人看。」

這句話說明了，每一個人心中都一些不欲人知的秘密，就像
月亮的背面一樣不輕易示人。就像三浦綾子在《雪景相簿》裡所
寫：「我發現，即使對於再怎麼信任的人，也總有一些自己心底
的事，無法向其表明。」

那是因為，我們不希望別人因為知道了這些，而改變了他們
對我們的觀感。但是，不論月亮是如何以轉速來向地球隱藏它的
背面，地球人還是發明了太空梭，讓太空人成功地登陸月球背面。
可見得，黑暗的那一面別人並非真的看不到，而是有沒有心去看。

偶爾，我們那堅強的防備，也會不小心破了一個缺口，讓人
窺見裡頭的柔軟與脆弱。這個時候，我們心裡的警報系統，便會
慌亂了起來，沒頭沒腦地補強裝備；原本的破洞或許補上了，但
是其他的地方卻因為多餘的防備而變得尖銳，不只難以靠近，更
可能無理傷人。

有一位到日本學習氣功的美國人，有天練完功搭上東京地鐵準備返回住處時，剛好在車上遇見有人酒醉鬧事。

那是一個工人模樣的壯碩男子，渾身酒氣衝天，臉色陰沉，彷彿看所有人都不順眼，隨時想找人打架似的。一上車來就搖搖晃晃、東倒西歪，撞著了好些乘客，還破口大聲咒罵，把乘客像趕小魚一樣，全趕到了車廂的另一端。那個醉漢見狀更火，大發酒瘋，抓住車廂裡的欄杆用力搖晃，想要將它連根拔起，卻沒有人敢出聲制止。

那名美國人自認自己的功夫絕對有辦法對付這名醉漢，可是他曾經答應過師父除了出手自衛，絕不以自己的武力主動挑釁。然而，此時非比尋常，他自認他應該站出來制止那人的行為，以免其他的乘客受傷，所以他握緊了拳頭，緩緩站了起來。

那名醉漢看他站了起來，囂張地大吼：「呵！一個外國佬，哼，來啊，讓我教教你什麼叫做日本禮儀！」擺好姿勢準備朝那美國人衝過去。

但在他行動之前，有一名老者開口說話了：「喂，你過來一下。」那聲音聽來洪亮有朝氣，車裡的人全都轉過頭去，只見那名老者年約七旬，穿著一身和服，看來身材極為瘦小。

醉漢惡狠狠地衝到老者面前，酒氣衝天地大叫：「我幹嘛要理你？」

那美國人警戒地站在一旁，目不轉睛地盯著那名醉漢，打算若是醉漢敢輕舉妄動，他就立刻出手摔倒他。

老人慢條斯理地說：「我想問你喝的是什麼酒？」

醉漢口齒不清地大吼：「我喝清酒，關你什麼事？」

老人說：「太好了，我也喜歡清酒，每天晚上我都會和我太太溫上一小瓶，拿到院子裡，就坐在木板凳上看月亮……」老人

還絮絮地說起他院子裡的柿子樹，最後語調輕快地問他，「你一定也有個不錯的老婆吧！」

醉漢張牙舞爪的模樣，竟瞬間消弱了下來，語帶哽咽地說：「不，她過世了……」

他叨叨地說起自己悲哀的際遇，失去妻子、家庭和工作，生活如何地面臨困境，自己又是如何地感到自慚形穢。

老人鼓勵他將心中所有的不快與煩悶全說出來，他很願意傾聽。美國人也鬆開了自己的拳頭，坐下來靜靜聽著，他明白危機已然解除。

暴力是惡劣的行為，卻也是憤怒最容易發洩的形式，如果在氣頭上還有人去挑釁、去撩撥，那麼恐怕會炸得周邊一干人等全都粉身碎骨。老人冷靜理智地行動，軟化了醉漢的心防，也成功地阻止了一樁可能發生的衝突。

所謂「惱羞成怒」，我們都有不希望別人碰觸的一面，憤怒可能會是我們防衛方式之一，然而，我們在保護自己的同時，不會去注意到我們的防備行為是否會傷及他人。

同理來想，當我們看到一個人無緣無故發怒，找人麻煩的時候，或許我們正應該憐憫他是個不會自我情緒管理的人，他正被自己的悲慘情緒給折磨得不成人形。這樣一來，我們便不會笨得去招惹一隻受傷的老虎，也不會因此被連帶炸成砲灰。

暴力不是唯一的解決方法。以柔克剛，以靜制動，再尖銳的槍棍，也可以被一條軟繩給緊縛在地，動彈不得。

以推銷自己的心態待人處事

一定要學會這門推銷自己的功夫，積極地
去認識自己、瞭解自己，而且待人處事的
時候，更會重視彼此間的往來關係。

很多人都害怕推銷員，因為他們死纏爛打的功夫和擅用心理
影響的能力，總讓人對他們敬而遠之。

其實，推銷是一種說服的功力，如何讓別人順從我們的想法
和願望，這是每一個人都需要的能力。因為，有了互相說服的過
程，才有溝通，人與人之間自然有了交流。

這個世界上人那麼多，當我們對某一件事情產生需求的時候，
可以提供我們解決方案的人選可能有好幾個，我們很難對每一個
有能力的人進行評估，更難在很短的時間內判斷誰優誰劣，誰又
是最符合我們需求的人選。所以，這時候「關係」就是一個很重
要的決定因素了。

製造「關係」，讓做選擇的人印象深刻，是一個提高被選率
的做法。這就好像寄履歷參加面試，如何讓主考官對你的履歷留
下深刻印象，攸關著你能不能得到更進一步的面試機會，當然也
影響到是否能被錄取的最後結果。

這就是一種推銷的手法運用，如何突顯特質，製造關係，發
揮無遠弗屆的影響力，以得到對方的注意力。

有一個很好的例子，可以提供大家參考。

　　有一名業務人員來到一家企業拜訪，當他通過層層關卡終於來到董事長辦公室門外，將自己的名片懇請秘書轉交，請求得到會晤的機會。

　　秘書接過名片，敲門進入董事長辦公室內，恭敬地將名片交給董事長，果其不然，董事長看都不看就把名片丟回去。

　　秘書只好尷尬地將名片退還給業務員，但業務員並不因此氣餒，甚至連不愉快的表情都沒有，再次將名片交給秘書：「沒關係，我下次再來拜訪，不過還是請董事長留下名片。」

　　由於業務員的堅持，秘書只要再度硬著頭皮將名片拿進辦公室。這回可把董事長惹火了，一把搶過名片，一撕兩半，然後丟回秘書手上。

　　董事長突然發火，秘書一時間也楞住了，拿著撕成兩半的名片呆站在一旁。接著董事長沒好氣地從口袋裡拿了十塊錢出來，大聲說道：「十塊錢買他這張名片，夠了吧！」

　　將一切情況全看在眼底的業務員，接回秘書手上的名片和鈔票時，依然開心自若地說：「請轉告董事長，十塊錢可以買兩張我的名片，我還欠他一張。」隨即再拿出一張新的名片交給秘書。

　　這一次，董事長可沒再大怒了，辦公室裡傳來一聲爽朗的笑聲，董事長親自走了出來，說：「這樣的業務員，我不跟他談生意，找誰談去？」

　　這名業務人員成功地展現了身為一名業務員最重要的特質：笑臉迎人，每個客戶都視為重要的客戶相待。

　　所謂「買賣不成情義在」，做生意絕對不是只做一回，而是要永續經營。像故事裡的董事長，如果不是故意要考驗業務員，那就得小心了，今天他財大業大，大家可能都還隱忍不發，但他要是老這麼目中無人，做事不留餘地，說不定以後很多好生意都談不成了。

　　我們的每一個表現有什麼前因後果別人不會知道，看在別人的眼裡，也可能不是我們心裡所想；無論如何囂張的態度，一向都很難令人忍受，也很少有人願意忍受。

　　人與人的交集越多，越能看出每個人的氣度有著明顯的不同，情緒人人都有，如果每個人都隨地亂炸一通，誰經過誰倒楣，那麼，這個世界恐怕是永無安寧之日了。

　　這名業務員以幽默化解衝突，更藉此表現出自己的優點與氣度，成功地塑造出良好的印象，可說是一舉三得。

　　我們不一定要選擇推銷產品的工作，但至少我們一定要學會這門推銷自己的功夫，因為有了這個前提，我們就會更為積極地去認識自己、瞭解自己，而且待人處事的時候，更會重視彼此間的往來關係。和氣待人，就能讓別人和氣對待，給人好印象也能收到好結果。人人如此，社會氣氛自然能和諧起來，糾紛也就不會那麼多了。

PART 2

想太多，不如做了再說

光是空想，無法推測出會有什麼樣的結果；

可能的結果實在太多了，

假使不能全盤確定結果會如何，

那豈不是什麼都不用做了？

下定決心，就別再遲疑

無論你要走到何處去，選定你的方向，筆
直前進。萬一，途中遇上了柵欄阻路，先
把帽子丟過去。

有些時候，想要成就一件事，必須要下定足夠的決心；更進
一步地來說，就是要斷去自己的退路，不要留有心存僥倖的後退
之路。只要下定決心，我們通常更能激發出一股力量背水一戰。

「把帽子丟過柵欄」是一個方法，是一個逼自己下定決心的
做法；就好像王貞治在打擊之前的全壘打宣示，就好像項羽破釜
沉舟的決心。

湯姆的父親教了他一件事，就是「把帽子扔過柵欄」。

湯姆的父親說：「在你面對一整排高聳難以跨越的柵欄時，
先把你的帽子扔過去，然後，你就得為了過去把你的帽子拿回來
而想方設法。」

他表示，自己就是依靠著這樣的信念，才能一路從芝加哥打
拚過來，獲得今日的生活。

湯姆家裡有幾張父親年輕時的照片，照片裡的父親站在一艘
白色的遊艇上，看起來神氣十足。湯姆知道那艘船名叫「迪克
西」，可是從來沒有親眼看過。

　　有一日，湯姆和父親聊起往事，聊著聊著，父親便說起了自己如何離開家庭和親友，單身來到大都市求生活。

　　爸爸說：「當時我二十歲，除了迪克西，我幾乎一無所有。那個夏天早上，帶了幾件衣服，駕著迪克西一路南行，直到芝加哥的貝爾蒙特港。到了港口，我第一件事就是找工作，但是，一切都很困難，我差一點就要選擇放棄離開。最後，我把我的帽子丟過柵欄，賣掉迪克西，認真想要在芝加哥這個城市裡落地生根，賣掉我的船可以換得一筆錢，沒有船，我也沒有退路了。」

　　後來的事，湯姆也已經知道了，父親在愛迪生公司找到工作，結識了母親，就此在芝加哥這個城市裡落地生根。

　　因為有父親的努力，才讓他們一家有安穩的生活。但是，對湯姆來說，父親的抉擇，帶給他一個極為重要的啟示：唯有投入才能成功。

　　當一個人沒有退路的時候，就必須為了謀求出路而全神貫注地投入，就是這樣一股力量，把人帶到成功的境地。

　　我們很容易對未來感到茫然，眼前這個決定是正確的還是錯誤的？未來的發展會對自己有利還是有害？

　　很多時候，我們無法在決策的當下看見答案，也不一定能夠推估好的結果，於是，我們會擔心，我們會害怕，我們會遲疑。

　　但是，我們更應該明瞭的是，如果在這一步停了下來，就真的不知道下一步會走到什麼方向去了。

　　所以，不管是前行、左轉、右彎，甚或是退一步，無論如何都得踏出下一步，我們才會知道結果。

　　既然，走出這一步，就別再遲疑如果沒跨這一步會不會有不

同的結局，因為，不管什麼樣的結局，在你做出決定的那一刻就已經確定了。

你能做的，只是再想想下一步該怎麼走。

無論你要走到何處去，選定你的方向，筆直前進。萬一，途中遇上了柵欄阻路，先把帽子丟過去，然後，讓自己一路繼續往成功的道路前行。

建立自信，才能改變周遭的人

生活上的種種打擊無所不在，假使一個人對
自己沒有足夠的信心，遇事就容易心生退
卻，對自我的成就也會感到比較多的疑惑。

　　沒有自信心的人，做起事來總是不免有氣無力，東扯西就，經常會流露出捉襟見肘的窘況。除此之外，沒有自信心的人，對於自己手上的工作，也容易因為挫折感而衍生出種種倦怠。

　　奎格‧希爾放學回家，才一進門，看到媽媽，心裡就覺得難過。她的頭髮看起來雜亂無章，沒有梳理，正在廚房裡做晚飯，她的頭垂得低低的，手邊的動作雖然沒停過，但注意看的話，就會發現她沒多久便會嘆一次氣，或許，連她自己也沒察覺到自己正不自覺地嘆氣。

　　母子倆彼此沒打招呼，媽媽沒抬頭，奎格也沒出聲。家裡除了烹煮食物發出的聲響，一片靜默，奎格覺得空氣裡的凝重讓他很難喘息，所以一言不發地回到自己的房間。直到關上房門，他才呼出長長的一口氣。

　　到底從什麼時候家裡變成這樣子呢？他和媽媽從什麼時候開始沒有話說的呢？印象中，小時候，他總是每天一放學回家就衝進廚房抓著媽媽的衣角，叨叨地說著學校發生的事。可是，那是

小時候的事了，現在他唸中學了，天底下還有哪個中學生會抓著媽媽的衣角說話？

事實上，奎格心裡也正煩著今天心理學老師指派的作業，這位老師不考背書，也不會要學生寫一大堆抄寫作業，但是每一份作業都是看起來簡單，做起來卻不盡然的事。

這一次的名堂，是要每一位學生完成一件幫助他人建立自信的行動。

到了晚餐時間，餐桌上的氣氛果然一樣凝重。爸爸媽媽各自吃著自己的食物，大家彼此不交談，也幾乎沒什麼互動。

突然，奎格想起了自己的作業。他故作自然，不經意地提起：「媽，妳知道嗎？我們學校今天有一場公開音樂會，聽說表演得很不錯，妳要不要和爸爸一起去聽聽看？」奎格知道媽媽是喜歡音樂的，因為，有時候媽媽工作時，會不自覺地哼著歌。

奎格看見媽媽驚訝地抬頭看他，眼中似乎閃過一絲感興趣的光彩，但是爸爸咬下一口食物，一邊咀嚼一邊說：「今天不行，我待會有一場很重要的視訊會議要開。」

媽媽很快地接了一句：「是啊！」接著就繼續低下頭吃飯。

奎格在自己還沒覺察到的片刻，話已經說出口了：「那……那妳要不要和我一起去？」他說完立刻後悔，但是話一出口便很難收回了，於是要求自己露出一個真心的笑容。

媽媽的表情很有趣，先是很雀躍，然後又遲疑了一下：「可是，你不會想要和媽媽約會的啦，你同學知道了怎麼辦？」

奎格立刻接話：「知道就知道，誰說不能帶媽媽出門約會的？」他豁出去了，就算真被人嘲笑也認了。

「我也贊成，妳去換件衣服，碗我來洗就好了。」爸爸也開口了。

奎格好久沒有看過媽媽那樣神采飛揚的模樣了，他和爸爸一起目送媽媽上樓的背影，爸爸拍了拍奎格的背，像是在鼓勵他做了一件正確的事。

那天晚上，奎格和笑得很開心的媽媽一起欣賞了一場熱鬧的音樂會，奎格發現，他看到媽媽快樂，自己也覺得很快樂。

保持自信心，有助於我們更樂觀地過生活。有時候，生活上的種種打擊無所不在，假使一個人對自己沒有足夠的信心，遇事就容易心生退卻，相對的，對自我的成就也會感到比較多的疑惑。

這樣的時候，我們除了需要自己努力，同時也需要尋求他人的協助。就好像故事中的母親，在長年持家的辛勞下，幾乎變成了家中的隱形人，辛苦做好每一件事，卻漸漸被視為理所當然，最後失去自我。因此，她害怕自己難登大雅之堂，擔心自己給丈夫兒子丟臉，漸漸地，這些因擔憂害怕而產生的退縮，使她離家人越來越遠。

奎格的作業行動，就像在湖中投入一顆石子，泛起陣陣漣漪，不過，持久的自信還需要由母親自己建立，她必須先學會愛自己、相信自己，才能夠和家人一起並肩生活，而不是獨自黯然隱形。

自信心如果不能由心生起，就難以長久，久了也會連帶負面影響周遭的人。唯有建立自信，保持自信，才能用自己的信心去幫助身邊的人建立信心。

想太多，不如做了再說

光是空想，無法推測出會有什麼樣的結果；
可能的結果實在太多了，假使不能全盤確定
結果會如何，那豈不是什麼都不用做了？

　　人的惰性是一種極為可怕的習性，有些事情，隨手要做就能做，但是只要稍一拖延，就可能一延再延，最後可能忘了，可能累了，可能忙了，一事無成。

　　有些事忘了做可能沒什麼關係，有些事情可就會連帶引起不少風波和問題。比方說，該繳費的帳單，雖然繳款期限還沒到，但是順路記得時不繳，到最後忘了繳，可就白白損失了自己的信用和信譽。

　　所以，想到就去做，該做就去做，先做了再說。

　　一對夫妻打算重新粉刷客廳的牆壁，結果說了好幾個月，兩個人還是沒有動作，他們的客廳牆壁上還是一塊塊斑駁的油漆剝落痕跡。

　　除了客廳之外，這對夫妻的臥房也有點問題。因為當初買下房子時，前屋主為了裝潢把一扇窗給擋了起來，在原本的牆內再築了一道擋窗的牆。

　　這道牆雖然沒有阻礙他們夫妻的生活，但是，他們兩個總想

著，要是有一天這個房間能夠「重見天日」的話，該是一件不錯的事。

可是，說歸說，事情擺了又擺，總之好長一段時間，關於房子的事一直是夫妻間的話題，但是從來沒有真正付諸行動。

最後，有一天，妻子下定決心發出邀請函，打算邀請親朋好友下個週末到家裡喝下午茶，順便參觀重新裝潢的客廳。這下子，事情不動也不行了，難道要客人在粉塵剝落的客廳裡用茶？於是，油漆很快地買來了，花了一整個週末的時間，客廳果然有了一副新的面貌。

宴客當天，這對夫妻不經意地對朋友提起那道「假牆」的問題，結果，一位好朋友到了臥房裡拿了榔頭東敲西敲，確定那道牆並不是很厚重，應該很容易就可以拆掉。

朋友說完他的觀察後，在所有人都還來不及反應的瞬間，舉起榔頭朝牆上用力一擊，那面牆果然「不堪一擊」，登時出現一個拳頭大的洞。

所有人都嚇了一跳，其中以主人夫婦為最，幾乎瞠目結舌地說不出話來。

朋友聳聳肩說：「好啦，剩下的我明天再來幫你搞定吧。」

很快的，到了第二天傍晚，這對夫婦的臥房裡，已經照進了夕陽的餘暉。

想得太多，總比不上做了再說。

因為，很多時候，光是空想，無法推測出會有什麼樣的結果；或者該說可能的結果實在太多了，假使不能全盤確定結果會如何，那豈不是什麼都不用做了？

　　我們的大腦很忙碌，在為我們完成生活中的種種行動主宰之餘，也會胡思亂想。要是想得多了，大腦的作業排序就容易陷入混亂狀態，我們就可能會在「重要但不緊急」和「緊急卻不重要」的事務中徘徊打轉，最後忙得昏頭轉向，實際上卻一事無成。

　　所以，要嘛不要想東想西，專心把手上的事情做完；要嘛想到就去實行，把事情做好再說，至少測試一下自己的想法有多少可行性，不要整天空想，平白地浪費腦力和時間。

認識自己的專才，相信別人的專業

試著發掘自己在行的本事，然後發揮到極
致，至於不上手的，不如就交給別人去做，
如此，我們才能過著更有效率的生活。

現代人進行選擇的時候，應該比古代人來得精準許多。

怎麼說呢？照理說，現代人對於自己的認識與認知如果沒有
辦法達到一定的程度，生活上恐怕會遭逢到不少的障礙。

畢竟，我們每天需要做出的選擇成千上萬，一個人能夠明確
地知道自己要什麼和不要什麼，豈不是對自我的認知相當準確？

舉個例子來說好了，光是上館子吃飯這件事就可以讓你有做
不完的選擇題。

首先，你得選一家餐廳，進了餐廳，你得選一個位置。

當然，侍者的出現可能會影響你的選項，但你還是具有選擇
權；至少，你可以選擇坐在吸煙區或非吸煙區，坐在室外欣賞風
景還是在室內享受氣氛。

好了，現在你總算找到一個位置安坐，儘管外面的風景坐在
哪個位置似乎看起來都差不多，不過，你的目的不是來看風景而
是來吃飯的。不久，侍者拿出菜單，然而你的麻煩也來了。你肚
子餓極了，不想廢話多說，合上菜單交還給侍者，簡單明瞭地說：

「我只要一塊煎牛排和烤馬鈴薯就好。」

侍者也俐落地收回菜單，然後在清單上記錄你的點餐。

接著，侍者禮貌地問：「那您的附餐要湯還是沙拉呢？」

你保持笑容回答：「沙拉好了。」

「好的，那請問您的沙拉要選擇什錦沙拉，還是芝麻葉加菊苣鮮蝦？」

「什錦沙拉好了。」

「好的，什錦沙拉一份。那請問您要選擇哪一種沙拉醬？我們有義大利酸醬、乳酪醬、酸醋醬汁，千島沙拉醬、法國……」還沒等到侍者唸完，你已經毫無耐性地打斷他，要他隨便選一種，只要快點上菜就好。

侍者還是殷勤地向你推薦他們獨家特調的義大利酸醬，你立刻點頭同意。

「好的，那您的烤馬鈴薯……」侍者又問。

你心想剛才那一套如果重來一遍，你就會餓得橫屍當場，所以搶在侍者說完之前就先說：「只要烤馬鈴薯就好，上面什麼都不要加。」

侍者依舊禮貌地問：「不要加奶油？也不加優格嗎？」

「不要。」你只想快一點吃到晚飯。

「那麼也不加蔥嗎？……」

你登時決定立刻停止這漫無止境的選擇作業，咬牙切齒地說：「不要！不要！只要給我一份煎牛排和烤馬鈴薯就好！」你阻止不了自己發飆，你害怕如果你不這麼做大概永遠吃不到能填飽肚子的餐點。

能夠為自己做出最好的選擇，當然有助益於對自我的認知，也能夠積極培養自信心。但是，當什麼事都得進行選擇的時候，一切或許就不是那樣愉快了。

有些時候，試著把某些選擇交給他人決定，放手信任別人，其實是可以讓自己輕鬆一點的。

相對的，面對他人的選擇的時候，也不一定要小心翼翼到事事確認。展現出自己的專業能力，讓對方信服你所推薦的判斷和選項，不也是一件好事？

社會之所以發展，倚靠的就是分工合作集合起來的綜效。讓每個人在自己的專業上發揮效用，效果遠勝於每個人都事事親為做同樣的工作。

因此，試著發掘自己在行的本事，然後發揮到極致，至於不上手的，不如就交給別人去做吧！認識自己的專才，相信別人的專業，如此，我們才能過著更有效率的生活。

成功，就是把做得到的事做好

心有大志，就盡力去闖蕩；胸無點墨，就
甘於平淡。如此，每個人的生活都能過得
充實，活出屬於自己的精采。

　　有些人立志要做大事，成就一番大事業，成為一個大人物，
享盡千萬人的欽佩與嘆服。但是，有些人卻甘願大隱於市，過著
小市民的生活，在平淡中追求生命的本質。哪一種生活好？哪一
種信念高？其實並不一定，必須視個人對於自己的內外需求而論。

　　放眼古今中外，昏庸的君王不在少數，他們是否真的一無是
處？

　　可能不見得，說不定他們只是不適合當皇帝罷了，硬是被推
上龍座，他們坐起來不見得開心快樂。

　　有個故事描述一個對自己的生活感到無聊的男人半夜坐在沙
發上打盹，結果突然發現自己八樓住家窗外，有個身穿白衣的傢
伙正在敲窗。這一嚇把他所有的精神都嚇回來了，心想自己莫不
是見鬼了。

　　沒想到，下一瞬，那個身影竟然進了屋內，還自我介紹自己
是個天使，表示由於人世間太多人責怪上帝沒有好好照顧他們，
所以，現在所有天使都得加班，把上帝賜予人類的東西都確實送

到，特別是智慧。

這位天使又面露愧色地對男人說他很抱歉，由於作業疏失，所以漏失了原本該給他的智慧，現在特地趕來彌補。

男人一聽，怒氣就來，立刻從沙發上跳起來對著天使大吼：「什麼？你真是太可惡了，怎麼可以如此粗心大意，我不管，該給我你就得給我，難道你要害我一輩子低人一等？」一個人該有的智慧沒有，你說叫不叫人生氣！

天使連忙乾笑著打圓場說：「快快息怒，別生氣，我這不就來想辦法了？你瞧，我要給你的可不是一般的智慧，而是不得了的大智大慧。」

「大智大慧？嗯，這聽起來不錯，快快給我吧！我可不想一點智慧也沒有，傻頭傻腦地過日子了。」男人聽了非常高興，迫不及待地想知道天使會怎麼把智慧交給他。

天使笑了笑，從懷裡取出一只小塑膠袋，袋裡流轉著各種色彩，就好像我們到市集裡撈金魚裝在袋子裡提著走的模樣。天使把袋子交給男人，男人狐疑地接過，把袋子收進沙發邊的抽屜裡。

天使說：「請好好收妥，我真為您感到高興，現在您已經是個擁有大智大慧的人了，即將開始享受被苦苦懷疑的幸福。」

「苦苦懷疑？什麼意思？」男人心裡莫名地浮現不安的感覺。

天使繼續說著：「是啊，除此之外，你也將快速飛升再高速滑落，享盡大起大落的心境變化與大是大非的體悟，品味高處不勝寒的孤獨滋味，擁有不被理解的高深見識。您會時時刻刻被創造的衝動督促，不發不快；為了自己抱持的信念，即使犧牲生命也在所不惜，死而無憾！……」

天使還沒說完，男人已經聽不下去了，瞠目結舌地問：「我會死……」

天使說：「是的，不過，請放心，您會死得非常壯烈，世人都會深刻記得你，讓你流芳百世……」

男人兩手握住天使的肩膀，一邊把天使往窗外推，一邊說：「天使，你聽我說，真的很感謝你特地送來這大智大慧，好了，現在你可以走了。」

等不及天使飛出窗外，男人就飛快地把那袋智慧從抽屜裡拿出來，立刻丟進垃圾筒裡。

是的，成為一個偉大的人，並不一定就能夠成為一名快樂的人；過著常人難以觸及的極上流生活享受，還是不能確保自己能夠擁有幸福。

反倒是，在天冷的時候能夠裹件多衣，在心冷的時候能夠喝碗熱湯、聽一句笑語，似乎享受到的快樂與溫暖會多一點。

幸福不在虛無縹緲的雲間，幸福就在每個人的身邊，幸福就在每個人的手間。只要我們懂得把握，就能得到幸福。

心有大志，就盡力去闖蕩；胸無點墨，就甘於平淡。如此，每個人的生活都能過得充實，活出屬於自己的精采。

經營一家跨國企業和經營一家小麵攤，當然兩者間的營收可能天差地別，但就成功的意義而言，其實都是一樣的。

你能做的，就是把你做得到的事儘量做好，完成自己應盡的任務，你就應該覺得無悔無憾。

只要全心投入，就能創造價值

為自己選擇一個真正想做的工作，全心地投入，相信必能看出工作背後真正的樣貌，也能尋找到自己願意汲取的生活價值。

每到了畢業季，總不免會看見許多茫然學子，魚貫地步出校門，游入社會的經濟結構。

在這一票人裡面，有些人對未來抱持雄心壯志，非什麼不為，非什麼不做；相對的，也有些人並不覺得做這一行和做那一行到底有什麼差別。

然而，輕漫的態度是危險的，藉由不斷隨意嘗試各種工作來辨識自己的心意，也是浪費時間的，如果不能選定方向，踏出的步伐該朝向何方？

事實上，如果只是為了換取金錢，什麼工作都可以達到目的，但是，如果能夠全心全力地投入自己的工作，那麼，那份工作便將昇華成一份志業。

艾克斯雷的叔叔湯姆在洛頓克勞斯車站工作了將近一輩子的時間。更為精準地說，湯姆一個人包辦了整個車站的所有工作，既是站長又是列車員，也是信號員，可說是大事小事都全歸他管。

雖然洛頓克勞斯車站是個很小的車站，平均一天只會有兩列

火車在這個小站停靠，但是，整個車站在湯姆管理之下，一切井然有序。湯姆一整天的生活幾乎都在車站裡度過，舉凡打掃候車室、清潔座椅、驗票收票……等事務，湯姆都親力親為，而且一絲不苟。要是有任何違規情事在洛頓克勞斯車站裡發生，湯姆肯定跟對方沒完沒了，讓他吃不完兜著走。

工作了五十年之後，終於到了湯姆退休的日子了。鐵路公司為了感謝湯姆五十年來的辛勤工作與付出，特地為湯姆舉辦了一場送別會，並且由老闆親自到洛頓克勞斯車站主持儀式，致贈一筆退休獎金給湯姆。

收到老闆交給他的支票，湯姆表示自己很高興，但是他也強調其實自己並不缺錢，如果可以的話，他希望能用這張支票交換另一項禮物。

老闆聽到湯姆想要以一節舊車廂來交換那筆大額支票時，心裡不禁有點疑惑。不過，後來還是同意將一節本來打算銷毀淘汰的車廂送給老湯姆，同時湯姆仍可以保有那筆退休金。

對於鐵路公司的老闆而言，廢棄的車廂一點用處也沒有，既然老湯姆如此希望擁有一個快樂的過往回憶，他也樂意做個順水人情。

後來，艾克斯雷和親戚一起去探望湯姆叔叔時，發現老湯姆把那節舊車廂安置在他家的後花園裡。

那節舊車廂比新車廂受到更好的照顧，不論是車前車後，沒有一處斑駁，玻璃亮晶晶的，沒有一扇窗有破損裂痕。

有趣的倒是戴著帽子的湯姆叔叔，竟然頂著毛毛雨，站在微涼的風中抽煙。當然，他抽煙的時候，目光仍片刻未曾稍離那節被細心照顧的舊車廂。

艾克斯雷好笑地對老湯姆說：「湯姆叔叔，您做什麼在雨中

抽煙？進去車廂坐著豈不好些？別著涼了。」

可是，老湯姆卻搖著頭回答他：「你說我這有什麼辦法呢？誰叫當初他們給我的這節車廂竟然是『禁煙車廂』。」

一個人如果能把一份工作做成了自己的事業，甚至是一份志業，我們大概不難想像其中投入的熱情和努力。能夠有一份工作可以讓自己投注全力，獲得成就感和榮耀，相信那是一件極為幸福的事。

工作不是生命的全部，工作並非只有一種面貌，每一個人面對工作的態度，將決定一份工作真正的價值與意義。

你看重你的工作，你的工作就值得看重；你認真對待你的工作，你的工作就會回饋你成就感和收穫。

所以，為自己選擇一個真正想做的工作，然後全心地投入，相信你必能看出工作背後真正的樣貌，也能尋找到自己願意從中汲取的生活價值。

用錢，不要被錢所用

用錢買不到快樂，用錢換不到友情，用錢
賒不了情感，錢之所以好用，是因為人懂
得怎麼用，而不是手上有錢就好。

　　有人說，金錢是萬惡的根源，有人說，錢財不是萬能，但沒
有錢就萬萬不能。人的生活，自從有了貨幣概念之後，錢財就幾
乎成了人類生活的主宰。

　　錢並沒有對錯，錢只是一項工具，一項換取與滿足人類欲望
的工具而已。真正可議的，應當是人對於錢的態度。

　　事實上，金錢長久以來，也為人類開設了不少課程；透過金
錢的獲得和運用，我們能夠學到許多。

　　有個有名的例子，有一天，一名商人在路上發現一個袋子，
裡頭有三個金幣，很高興能夠得到這筆意外之財。但就在他打算
把袋子裡的金幣揣進懷裡的時候，有一個人走過來，說那個袋子
是他掉的，袋裡的金幣自然也是他的。

　　但是商人卻不以為然，他說：「你能證明這袋子是你的嗎？
不能的話，錢誰撿到的就是誰的。」

　　那個人提出不證據證明，於是兩個人吵了起來，吵到後來，
吵累了，宣稱掉錢的人放棄了：「算了算了，就當是我丟了吧，

咱們別吵了。」

　　但是，越吵到這時候，商人也越來越心虛，畢竟這三枚金幣並不是他的，於是他也不敢要了。

　　這下子情況頓時生變，反而又變成一個執意還錢，一個堅持不收的狀況。最後，兩個人只好找來法官處理。

　　結果法官說：「既然你們兩個都不要這三枚金幣，那這些錢就由我代表官方沒收好了。」

　　法官說完拿了錢就離開。

　　這下兩個人可傻眼，可是法官判決已經下了，他們也說不了什麼，只有面面相覷，有點莫名所以。

　　沒多久，法官又進來了，手上拿著兩個小袋子，分別交給他們兩個人，裡面各是兩枚金幣。

　　法官說：「今天我們各學了一課，學費是一枚金幣。」

　　法官對兩人說：「你們應當學會一味固執己見是沒有辦法解決問題的，不能理解對方的想法，就會受到損失，所以你們各自少得了一枚金幣。至於我，則從你們的身上看到了謙虛與不貪圖一面，算是學了一課，所以付出一枚金幣是很應當的。」

　　一個懂得金錢真正價值的人，絕不會成為金錢的奴僕，不會為了占取金錢不顧一切，不惜一切代價。

　　金錢的功用，是一種信任的交換，金錢的流通也同樣理源於此。

　　我們不要僅僅汲汲營營於累積財富，而要思索如何運用自己的財富，為自己帶來最大的價值。

　　用錢買不到快樂，用錢換不到友情，用錢賒不了情感，錢之

所以好用，是因為人懂得怎麼用，而不是手上有錢就好。

　　故事中的三個人，用一枚金幣學得了生活的道理，真要說來，那一枚金幣的價值可說是物超所值。

　　人生在世，當然要有錢，要懂得賺錢，畢竟每個人都有肚皮要照顧，但更重要的是，要學會用錢，不要為錢所用，變成了金錢的奴隸。

無法信任，善意也只是虛情假意

> 信任並沒有真正到達心裡，就別伸出虛假
> 的手；以善意蒙蔽他人，掩飾背後的殘忍
> 意圖，是最可惡的事。

我們總是容易在心底產生懷疑，擔心別人欺侮我們，擔心別人占我們便宜，擔心別人對我們不利。所以，我們總是認為要先下手為強，總是認為要先確保自己的優勢。

然而，以對立和爭鬥為前提的相處，有可能獲得更公平的互動呢？還是只會產生更多的誤會？

處處設防的結果，就算是善意，也會變成虛情假意。

班森醫生又接到臨時出診的任務，準備幫梭里夫人接生，不得不在這見鬼的陰雨天夜晚開車駛過一條又一條鄉間的小路。

來到梭里農場附近的公路上，車前的燈光映照出一個沿著公路行走的身影，相當吃力地頂著風前進。

班森醫生在那人身旁停了下來，問：「你還要走很遠嗎？」

那人回答：「我得一直走到底特律。」在風雨的吹淋下，那個人顯得狼狽不堪，說話的語調也充滿了疲憊。

班森醫生說：「上來吧，我載你一程。」

那個人上了車，班森醫生開著車繼續上路。

　　眼看那個人冷得發顫，班森醫生忍不住問：「你還好吧！」

　　那個人問：「可以給我一支煙嗎？」

　　醫生聳聳肩，從掛在椅背上的大衣口袋裡拿出煙盒遞給那個人，那個人取了一支以後，就直接把煙盒放回醫生大衣口袋裡，然後掏出火柴點上。

　　沒一會兒，那個人又說：「如果您不介意的話，我想多拿一支待會兒抽。」而後就自己動手從大衣口袋裡取煙盒，拿了一支煙，再把煙盒放回去。

　　醫生對他的動作多瞧了一眼，但沒說什麼，只請教那個人為什麼要在晚上冒著風雨到底特律去。那瘦削疲憊的臉上，表情有點茫然說：「去找工作，有家汽車工廠可能會用我。」

　　經過一番閒聊，班森醫生才明白這個人剛剛從軍中退役，本來是在前線擔任救護車駕駛的工作。

　　醫生笑著說：「呵，那倒巧，我們是同行，我是個醫生，名叫班森。」

　　那個人終於笑了，說：「難怪你的車上都是藥味，你好，我叫埃文斯。」

　　而後車裡陷入了沉默，醫生從後照鏡裡看著埃文斯一口一口地抽著煙，在煙霧迷濛中，埃文斯臉上有道傷疤看起來頗為嚇人。

　　那道疤很長，幾乎劃過整個臉頰。醫生忍住心裡怪異的感覺，想要伸手從大衣口袋裡拿錶出來看看時間，擔心趕不上梭里夫人生產，結果卻赫然發現自己的錶不見了。

　　他一腳踩下煞車，然後拿出一直藏在座椅下的手槍指著後座的乘客，怒吼：「你這可惡的傢伙，把錶給我交出來！」

　　埃文斯嚇得雙手舉起，忍不住說：「老天，你……」

　　醫生滿臉怒火的大叫：「廢話少說，把錶給我交出來，放到

大衣口袋裡！快點，否則我要開槍了！」

　　埃文斯囁嚅著，卻說不出話來，當他把衣袋裡的錶拿出來交給醫生後，就被狠狠地趕下車了。

　　醫生急駛而去的時候，只丟下一句話：「我今晚出門的原因是為了救人，沒想到竟然還浪費時間來幫你這種人，快滾，以後別讓我碰到。」

　　醫生抵達了目的地，順利地幫梭里夫人接生後，鬆了口氣想拿出手錶來看時間，卻愕然發現那支錶並不是他的。那支錶的錶面破裂，軸心也斷了，醫生翻過錶一看，上面刻了字，磨損了的字跡寫道：「贈予 T・埃文斯，英勇的救護車隊員，一九四三年十一月三日晚間，在靠近義大利的前線，他獨自一人勇敢地保護我們全體的生命。護士內斯比特・瓊斯・溫哥特。」

　　很遺憾的一個故事，卻也提醒我們，當我們身為據有優勢的一方時，是否真的能夠謹守待人處事的基本原則，不以自己的強勢欺壓對方？

　　或許，醫生的行為不過是一種自我防衛，但對於埃文斯而言，是否反而會寧可從一開始就沒有上過醫生的車？畢竟不曾受到任何溫情的對待，就不會對人抱持希望，心中的委屈與絕望也不至於深入谷底。

　　假使，信任並沒有真正到達心裡，就別伸出虛假的手；以善意蒙蔽他人，掩飾背後的殘忍意圖，是最可惡的事。

　　缺乏信任的善意，只不過是一種虛情假意。

PART 3

保持冷靜，
才不會陷入窘境

遭逢無聊騷擾或挑釁，

　　先看清楚對方在玩什麼把戲，

就能夠從容應對。

　　保持冷靜，仔細觀察，

　　才是讓自己趨安避危的重要法則。

面對謠言，要處之泰然

遇到遭人詆毀的事，要先控制自己的思緒
和情緒，站在更高的位置看清一切，就不
會身陷沼澤而沾了一身的泥濘。

　　作家寇斯比曾經寫道：「一個人在盛怒的時候，再如何清晰
的思緒，也會變成混亂不堪。」

　　正因為如此，遇到困境一定要保持冷靜，千萬別讓情緒控制
自己的思緒。

　　有些話，不說出來，不能得到真相；但有些時候，話太多，
不如沉默。

　　謠言，說久了自然會疲軟，謠言傳得越誇大，越會被當成笑
話；太過在意，強要辯解，反而會變成隨人起舞的小丑。

　　一九六〇年代早期，有一位曾經擔任高中校長深獲敬重的人，
打算參選州議員。由於他的資歷、背景等等都很好，而且為人處
事又精明能幹，在這場選舉中可說是贏面頗大，很受各方矚目。

　　他一路過關斬將，累積了不少的民意，也獲得了不少地方選
民的支持，聲勢水漲船高。

　　可是，一個人一旦鶴立雞群，自然不免樹大招風，很多中傷、
謗毀也接踵而來。先是有人傳言他與某位年輕女教師有「過從甚
密」的曖昧情事，暗指他的人格有缺陷，是個表裡不一的人；接

著又有人暗示他收取回扣，毫無清廉可言。一時之間，各種謠言纏身，讓他又生氣又憤慨。

「這些全都是謊言，根本沒有的事！」他一再對自己身邊的人保證，包括他的妻子。而這些重視他的人，也表示對他的支持和信任，他的妻子甚至願意挺身而出來為他聲援與辯護。

本來只是些無中生有、惡意中傷的謠言，但是隨著傳聞的人越來越多，傳言的內容越來越不堪，這名候選人再也無法置之不理了。

憤怒至極的他，決定要挺身對抗這個謠言，於是在每一次宣傳活動、演說之前，一定會先為這些謠言進行澄清，強調那些傳言都是子虛烏有，才開始進行原本預定的行程。

可是，他不知道，原本大部分的選民對於這些傳言並沒有特別在意，一開始也只是小部分人惡意流傳而已，沒有很多人當真。可是，他一而再、再而三地提出來說明解釋，反而讓人有一種「欲蓋彌彰」的感覺。甚至有些人原本從沒聽過這項傳言，經過候選人自己提了出來，才對這件事產生好奇。

結果，這名候選人越是澄清與說明，越是有人相信他有罪，真是越描越黑。

相信他有罪的群眾甚至振振有詞地反問：「如果他真的是無辜的，為什麼要如此費盡唇舌為自己辯解呢？」

後來，星星之火添上了熱油，越燒越烈了，最後連他的妻子也相信他真的和別人有不軌的關係，夫妻關係瀕臨破滅。這些惡意指控，成功地達到讓他落選的目的；這位校長不只輸掉了這場選舉，也葬送了自己的政治生命。

　　雖然說真理會越辯越明，但是，有時在文字和語言的惡意操弄之下，真理反而會被羅織出來的種種迷障層層掩蓋。

　　故事中的校長所遭遇到的一切，當然對他的形象有很大的傷害，但是否真有其事，只有他自己清楚。如果他能處之泰然，除非對手試圖再進一步誣蔑，否則，在沒有更有力的證據出現之前，並不會使其他的人真正相信一項莫須有的傳言。只要謠言無法繼續延燒，最後必然不攻自破。

　　可是，這位校長選擇不斷說明、解釋，每一次的說明與解釋就可能挑起更多好事者的猜疑，也會形成更多語言漏洞，反而自亂陣腳。

　　管好自己的情緒，才會有冷靜處理事情的思緒。遇到遭人詆毀的事，要先控制自己的思緒和情緒，站在更高的位置看清一切，就不會身陷沼澤而沾了一身的泥濘。

不爭一時意氣，冷靜把握成功契機

能夠先忍住怒意不動氣，反而有機會可以瞧清對手的弱點；仔細聽清楚對手拿什麼來要脅你，才能更快速找出因應的方法。

我們都認爲自己很文明，但事實上，文明還是有不同等級的。

一個未開化的人，遇到不喜歡的事，會立刻用拳頭來反擊；半開化的人，則是不用拳頭改用嘴巴，想盡辦法用言語來攻擊；一個真正的文明人，則是拒絕反擊。因爲他明白，能夠獲勝的唯一辦法就是不去理會。

知名的成功學作家大衛‧史華茲早期擔任大學教授時，曾經有過一次被嚴重批評的經歷。

當時，他身爲「退學委員會」的主席，負責引領委員會的成員制定出相關政策，篩選成績過差的學生，進而提升學校的教學競爭力。經過好多次會議研商之後，由史華茲代表委員會提出一份措施報告。

可是，就在史華茲將報告呈交給教務會議的主席進行宣讀之後，竟有一位教授突然站起來，針對史華茲的報告提出相當嚴厲的批評，「軟弱無力」、「幼稚」、「欠缺考慮」、「絲毫不成熟」……等各種極盡挑剔能事的批評語彙全都出籠了。

史華茲被罵得莫名其妙，那些惡意的批評讓他忍不住想要立

刻反唇相譏，回敬對方的無禮。但是，話到了嘴邊，史華茲還是忍了下來，一語不發地聽著那位教授的長篇大論。

等那位教授總算停止言語轟炸，已經超過口頭報告兩倍以上的時間了。這時，會議主席詢問史華茲針對那位教授的意見是否要補充說明，顯然是想提供史華茲一次「平反」的機會。

史華茲對主席點點頭，但站起來回答的第一句話，並不是為自己辯駁，反而落落大方地說：「很遺憾我的報告無法說服這位教授，不過，就我個人而言，很希望能有一次公開投票的機會。」

由於現場的反對聲浪並不多，於是主席便宣佈即刻進行投票表決。結果，史華茲的案子順利通過了。

散會之後，一位擁有資深行政經驗的教授私下對史華茲表示，很高興史華茲剛才並沒有和那位教授一般見識。

他說：「你當然有充分足夠的理由可以把他逼得發狂，也可以針對他的指控一一反擊；今天在座的同仁都認為他的批評已經違背了常理，但是，只要你一還嘴，馬上就會喪失別人對你的同情和支持。」

我們隨時隨地都可能遇到不合常理的事，也可能碰見蠻不講理的人，我們自然可以時時防備，先將所有的人視為敵人，在敵人尚未發動攻擊之前，先下手為強。但是，即使如此，我們還是不見得能全贏，更可能因為時時刻刻保持全身警戒，而緊繃得渾身痠痛。

被人莫名其妙批評自然會令人忿恨難平，但是，對方既然敢無的放矢，必然也掌握了某些局勢上的優勢。此時強硬對抗，試圖辯出是非黑白，反而越描越黑，沾惹一身狼狽。

　　相反的，在事發當頭能夠先忍住怒意不動氣，反而有機會可以瞧清對手的弱點；仔細聽清楚對手拿什麼來要脅你，才能更快速找出因應的方法。

　　再換個角度來看，不爭眼前的勝負，讓對方誤以為占上風而放鬆防備，也會是能否全身而退的重要關鍵。爭一時氣，不如護一片天；畢竟，我們要贏的，絕非只是一時。

抵抗自己的弱點，迎戰生命難關

真正有成就的人是不會讓自己把時間浪費在
怨天尤人上頭的。竭盡所能地對抗自己的弱
點，方能順利跨越自己生命的種種難關。

　　我們能夠四肢健全地活著，雖然是一件看似平凡的事，但事實上，卻是上天給予我們的一種福氣。因為，在這個世間，還有許多人雖然活著，卻必須忍受身體上的殘缺。

　　當然，真正令人敬佩的，是殘而不缺，雖然先天的缺憾造成生活的阻礙，但是，堅韌的生命卻往往活得更精采，散發讓人無法忽視的光芒。

　　阿弗列德‧艾德勒醫生從屍體解剖的研究中發現，有人因為一個心瓣變異，使得血液無法順利流入肺室，因此整個心臟變得異常肥大，彷彿為了完成更多血液輸送的工作而形成。無獨有偶的，艾德勒還發現，一旦病人的腎臟被割除一個，剩下的那下顆腎臟，同樣也比一般的腎臟比例大得許多；要是某一邊的肺葉被切除，其餘的肺葉所能運作的肺活量也更強大。

　　艾德勒從自己的發現得出結論，人體為了自保，會本能地以機能強壯的部位來彌補弱勢的部分。就像骨頭斷了之後，斷骨的位置就會長出厚厚的骨痂，好讓受損的骨頭變得比以前更結實。

　　除此之外，在艾德勒的研究中還發現，人不只在生理上有以

強補弱的本能，在行為上也有特殊的表現。比方說對美術產生極大興趣的人，有很多從小就視力欠佳，而在音樂嶄露頭角的人，也有不少受聽力不好所苦。

艾德勒忍不住為自己的發現感到不解，為什麼這些人明明身體某些部分有所缺陷，卻偏偏要讓自己不斷往欠缺的路上走去。

像貝多芬，從小就有聽覺上的障礙，到了成年時期，甚至沒有輔助器具就聽不見樂隊的聲音，但為什麼他卻執著在音樂的道路上努力不懈呢？在幾近全聾二十五年的生涯中，竟還能譜出動人魂魄的第九交響曲等無數經典樂章。

像巴斯德，因為中風而損毀大腦中的語言機制，但是卻憑著超人的毅力，經過異常艱苦的奮鬥，終於在大腦中發展出新的言語神經中心。

除此之外，還有好幾百個實例印證，有的年幼體弱，長大卻成為有名的相撲力士；有的原本不良於行，卻努力成為芭蕾舞星；因為肺病所傷造成肺活量不足的人，卻能張口唱歌，並成為知名的演唱家。諸如此類的例證，在在顯示了生命就掌握在自己手中，他們的成就不是上天毫無選擇的補償，而是倚靠意志力奮鬥而得的成果。

每個人都有弱點，那些弱點就好像上天在我們面前擺放了一個個高聳的高欄，我們必須讓自己跨越過去，才能將生命提昇另一個境界。

要跨過這個高欄，我們只有想辦法讓自己跳得越高。

其實，很多時候，障礙只在我們心裡，認定有什麼樣缺陷的人就不適合吃哪一行飯，因此，尚未曾嘗試之前就選擇斷送自己

所有的機會。

　　正如艾德勒的研究，我們雖然在某個方面顯露弱勢，卻也會讓我們分外介意這個部分，也更在意別人在這方面的成就。如果不選擇克服自己的弱勢，無疑會讓自己身陷在嫉妒的情緒之中，也更容易發出不平的埋怨。

　　可是，真正有成就的人是不會讓自己把時間浪費在怨天尤人上頭的。因為他們正竭盡所能地對抗自己的弱點，讓自己發展出超人的能力，順利跨越自己生命的種種難關。

　　改變自己的思緒，迎戰生命難關，只要不在高欄前低頭，你的成就便不會只有眼前的高度。

勇敢跨越障礙，為自己喝采

只要我們能夠穩穩地站立在我們的生活之
中，就表示我們克服了生命給予的重重考
驗，同時見證了自我堅定的人格。

　　成功絕對不是偶然，成功也不是單靠運氣。成功仰賴一股堅
強的意志和堅定的信念，相信自己會成功，勇敢努力去嘗試，如
此，才有可能把握成功之機。

　　生命中其實處處有難關，如果把難關看得極難，很多關自然
過不了；相對的，如果把眼前的難關都視為一次冒險，許多險中
求生的結果就會自然出現。

　　羅伯特家中務農，從小他的父親就是一名雇農，一直存錢存
了好多年才得以買下一座六十五公頃的農場。

　　羅伯特小時候，正逢經濟大蕭條的時刻，有一年冬天他們家
連煤也買不起。小小年紀的羅伯特得爬進豬欄裡撿取豬吃剩下的
玉米桿，拿回家曬乾，家裡才有東西燒火取暖。

　　好不容易挨過了冬天，第二年春天竟然又遇上嚴重的春旱，
羅伯特看見父親把辛苦攢存下來的玉米拿出來準備播種。羅伯特
天真地問：「爸爸，既然種了也可能會枯死，為什麼我們還要冒
險種呢？」

　　他的父親嚴肅地望著羅伯特，手裡撥弄著盆裡的玉米和燕麥，

說道：「人要是不肯冒險，就永無前途。」

就這樣，羅伯特跟著父親一起把所有的種子一一埋進土裡。可是，四個星期過去了，大地仍然一片乾荒，沒有任何下雨的跡象。父親的臉色始終繃緊，所有的村民齊聚一起祈求老天降雨拯救他們的作物。

不久，雷聲終於響起，雨總算落下來了，羅伯特開心得又叫又跳，但是他的父母卻知道，這場雨下得還不夠，土地還不夠濕潤，烈日終究還會再出現，今年的收成還是令人擔憂。

果然，夏天來到時，羅伯特親眼看見河床乾涸成小池塘，而後變成泥坑，最後，那些原本在泥地裡鑽來鑽去的鯰魚，都一動也不動了。這一年，羅伯特家的收成，只得到半車玉米，約莫和他們播種的數量相等。

羅伯特的父親沒有顯露出悲傷與沮喪，晚禱時帶領著家人一起感謝上天：「感謝您，仁慈的主，謝謝您讓我們今年沒有損失，您把種子都還給我了。」

就這樣，羅伯特一家在父親的積極帶領下，一步一步地建造起屬於他們自己的家園，即使在周邊的鄰居都放棄離去的時候，即使在龍捲風襲捲他們居住的城鎮，吞噬掉他們賴以為生的屋子，他的父親都沒有放棄希望。

幾年之後，他們的農場漸漸經營出一番面貌，羅伯特一家也依靠著父親的信念，一同克服了生活中的各種難關。

在我們獲得成功之前，往往有無數的障礙等著打擊我們，使我們放棄尋求成功的意圖。然而，我們就要從此放手嗎？難道我們就要在此刻認輸嗎？一旦鬆開手，一旦停下腳步，我們就等同

與此處的成功絕緣。

　　難關處處有，過了一關不代表就沒有下一關。就如同故事中的羅伯特，眼看父親撐過一關又一關，難道他心裡不會沮喪，質疑為什麼上天要如此殘忍地打擊一個好不容易站穩的人？然而，如果不是經過重重的擊打，羅伯特又怎麼會對父親堅忍不拔的毅力感到信服，又怎麼能夠體認出「能夠在生命的種種難關中堅強站起」的偉大。

　　我們可能都是小人物，我們可能沒有如天一般高的成就，但是，只要我們能夠穩穩地站立在自己的生活之中，就表示我們克服了生命給予的重重考驗，同時見證了自我堅定的人格。身為一個不怕生活難關的人，我們是該為自己的勇敢感到驕傲。

保持冷靜，才不會陷入窘境

遭逢無聊騷擾或挑釁，先看清楚對方在玩什麼把戲，就能夠從容應對。保持冷靜，仔細觀察，才是讓自己趨安避危的重要法則。

有句話說：「窈窕淑女，君子好逑。」只可惜，很多時候，在淑女周邊圍繞的不見得都是君子。

不過，沒引來蜜蜂反招來蒼蠅還不一定是最糟糕的情況，最慘的莫過於惹變態上門騷擾，那真的是任何一個女孩都不想遇到的情況。

因此，有時候女孩也得小心，自己是不是無心中成了騷擾人士的縱容者，讓原本無傷大雅的玩笑變成不可收拾的惡意騷擾。

有一天，艾麗絲一個人待在寢室裡看書，結果電話鈴響，她一接起來卻是無聲電話。同樣的情形，一個下午發生了五次，後來電話又響，她火大地大吼：「你這個討人厭的變態！」後用力地掛上電話。

第二天中午，電話又來了，艾麗絲二話不說抓起話筒就喊：「混蛋，你要是再不說話，我可要不客氣了！」

這時候，話筒的另一端不再寂靜無聲，反倒是傳來一個口音相當標準的男聲：「小姐您好，這裡是二○一電話服務中心，很抱歉因為昨天系統故障，可能會影響您的部分通話，在此向您表

示歉意。目前我們已經排除故障問題，可以請您協助進行以下的測試嗎？」

　　大概是覺得自己太大驚小怪，艾麗絲很快地回答：「好！」

　　電話另一端的男聲說：「請您按下電話上一到○的數字。」

　　艾麗絲依言照做。

　　電話裡的聲音又說：「好，現在請您再做一遍。」

　　艾麗絲又重按了一遍。最後，那個聲音回答：「好的，小姐，經過我們的測試，您的智商為○。」接著一陣囂張的狂笑之後，電話被切斷了通話。

　　艾麗絲氣得一整天說不出話來。

　　隔天中午，電話又來了，電話那頭依舊是好聽的男聲，但明顯與昨天的來電不同。不過，艾麗絲一聽見電話裡的人說出：「您好，這裡是二○一電話服務中心……」幾個字，劈頭就是一句「你去死啦」，而後就想掛上電話，但是電話那端的人卻急忙地說：「小姐，請不要誤會，這裡確實是二○一電話服務中心，我們得知您受到假借敝中心為名義的騷擾電話，特地來電澄清，並且保證會仔細調查這件事的始末。」

　　這下子艾麗絲又覺得不太好意思地放軟聲調：「這樣啊……不好意思。」

　　對方要求艾麗絲將事情的始末說明一遍，艾麗絲也照說了，當然，說到被對方罵智商零蛋時，艾麗絲還忍不住臉紅了起來。

　　想不到對方聽完的第一句話，竟是：「好的，小姐，經過我們再一次確認，您的智商確實為零。」

　　真的是無聊的惡作劇，不是嗎？我們姑且不去談論為什麼對

方要一而再、再而三地來電騷擾艾麗絲的心態,先來說說為什麼艾麗絲會一而再、再而三可憐地成為被捉弄的對象。

剛開始,對方可能只是隨機找人開玩笑,之後會一再捉弄艾麗絲的原因,顯然是艾麗絲很配合對方的反應,所以,對方樂見艾麗絲受窘,便一再來電騷擾她。就好像有人故意驚嚇女孩子,目的在於想要聽見女孩尖叫的聲音,確實是一種變態的行徑;女孩唯一自保的方式,就是想辦法不落入對方的圈套,以冷靜的態度來斷絕對方想要再進一步騷擾的意圖。

艾麗絲很倒楣,遇上了無聊男子,但她也要檢討,自己是不是因為對方好聽的聲音就因此失去防心,是否太過輕易地相信一個「聽似專業」的聲音?

我們很容易受到表相的影響,但是如果一味接受表相的催眠,而輕忽了查證本質的行動,就很可能讓我們不小心跌入陷阱。

有部電影的對白說道:「真相其實一直都在,只是你不願意去看。」或許,人類就是如此矛盾的動物,但假使我們想要破解那些惡意的騙術,勢必得要自己真正睜開雙眼。

遭逢無聊騷擾或挑釁,第一步,先別隨之起舞,看清楚對方在玩什麼把戲,就能夠從容應對。保持冷靜,仔細觀察,才是讓自己趨安避危的重要法則。

行動之前，先確定自己真正要的答案

當我們做出選擇，就必須接受掉落在我們
眼前的答案，想清楚自己真正想要的答案
是什麼，我們就能無愧於心。

很多時候，我們總是冷眼看待一些事情；遇到需要幫助的人，或許，我們一時之間，心頭會有一絲暖流湧起，但是，假使沒有足夠的勇氣，那股暖流是突破不了我們冷漠的面具的。

人的品性是取決於良心，而不是智商。一顆善良的心，比一個高度智慧更值得被尊重。我們只需要謹記，我們所遭遇到的一切，和所需面對的一切，都取決於我們的選擇，就是答案了。當我們做出選擇，就必須接受掉落在我們眼前的答案，就是這樣。

地點是在一個學校餐廳裡，時間是個陰暗的下午，餐廳裡坐滿下課休息的學生。這時有個男孩進來了，很多人看到他，也很多人選擇保持距離不理他。

男孩來到自動販賣機前面，想要買一罐飲料解渴，但是口袋裡只有一張縐縐的紙幣。他知道要把錢投進這個機器裡，機器才會掉出飲料來。但是，他一次又一次嘗試把錢塞進投錢孔裡，卻總是失敗。

這時，有些人開始偷偷笑了出來，有些人則在竊竊私語，更有些人選擇視而不見，但是總沒過多久就悄悄回過頭來瞄一眼，

與男孩視線交錯的瞬間，立刻別開眼。最後，笑聲越來越大，甚至不知道哪個人動手，一個紙團丟向男孩，隨後有更多紙杯、垃圾丟向他。

男孩站得直挺挺的，全身不斷發抖，淚水流了下來，視線也變得模糊，但是，他仍站在自動販賣機前面，一步也動不了。

這時候，一個女孩站了起來。她走到男孩身邊，告訴他，紙幣是沒辦法使用的，得用硬幣投進投幣口才行。

隨即，她拿出幾個銅板，和男孩換了那張紙鈔；男孩把硬幣投入投幣口，選了自己想要的飲料，兩人相視一笑，就各自往不同的方向離開了餐廳。

在外人的眼裡，男孩和女孩幾乎是不同世界裡的人，一個在資優班，一個在特殊教育班，在一般人認知底下，他們交集的機會少之又少。但是，在那樣的一個時刻裡，那個交集，對兩個人來說，都是一個關鍵的時刻——一個自我肯定，也對人保持信任的關鍵。

很多時候，我們知道我們可以做什麼，可是，更多時候我們其實都沒有做。不是做不到，而是選擇不做。要是追問每個人不做的理由，答案可能千百萬種，但是，我們卻不得不承認，很多看起來不做也不無不可的情況，如果我們做了，其實這個世界是會有一點改變的。

隔著牆板，聽見鄰居打罵孩子的聲音，當然可以不用大驚小怪，但是連續一個禮拜的孩童啼哭，還不足以令人感到怪異嗎？一個月？一年呢？要多久的時間才會讓一個人的正義感發生作用？有些時候，多管閒事的雞婆，是可能拯救一個孩子免於家暴陰影

的。

又如同故事裡的男孩，智能不足是他先天的障礙，但這不代表任何一個智商高過於他的人，就有權利對他嘲笑；也不代表在一旁看他鬧笑話、困窘，就會讓你的層次高過於他。

當然，付諸行動確實需要勇氣，就像故事中的女孩一樣，必須在眾目睽睽之下完成她的選擇，把她的決定攤在陽光下被檢視；她必須深信自己的選擇，同時無畏質疑的目光，那確實需要勇氣。

但是，坐在那裡一動也不動，假裝自己視而不見，其實不斷深受內心道德良知折磨；和鼓起勇氣結束這一切僵局，哪一種比較困難？相信每個人心裡必然也各有答案。

所以，想清楚自己真正想要的答案是什麼，我們就能無愧於心，無論我們做了什麼樣的決定。

投入，可以讓我們感受更多

潑下一盆冷水非常容易，要煨熱一顆暖暖的心，卻有一定難度。我們是否要不顧自己心底的感覺，一切以外人的目光為標竿？

溫情的時刻，有時候反而會讓我們感到不知所措。這是因為，情感的交流，來自於兩個個體的互動；未曾介入參與化學作用的人，未能置身其中的人，往往很難體會其中的感動。

有許多感人的事情、動人的故事，事發當時，當事人可能心情激動，但事情過後，說來卻可能索然無味。至於未曾融入其中的其他份子，更常會有種不知所云的感覺。

每個人總有心軟的時候，即使像愛德華這樣一個很少讓人搭便車的人，在寒風瑟瑟的夜晚，還是看不得一個瘦小的身影在街上跛行的景象。

本來，愛德華已經駛過那個身影，但是從後照鏡裡看到的畫面，是一個衣衫襤褸的人，身形矮小，瘦弱的身軀幾乎撐不住他的褲腰，只有用皮帶勉強繫住。那個人頭上戴著一頂布帽，背上掛著一只破布包。

於是，愛德華踩下煞車，然後倒車到了那個人身旁。

讓愛德華意外的是，那個人的臉上並不如想像中潦倒，也沒有愁眉苦臉，反而是一臉平靜安詳的表情。

愛德華問他想不想搭便車,那人微微點頭,然後上車。

來到目的地,一家旅館的門前,愛德華請那個人下車。

那個人回答了一句:「多謝你。」就朝著大馬路上走去。

愛德華安頓好住宿的事宜,打算外出到附近的餐館解決晚餐。當他來到停車場的時候,卻發現剛才搭便車的那個人竟站在他的車旁。

愛德華一臉狐疑地看著那個人,對方笑著開口:「謝謝你今天讓我搭了一趟順風車,我打算報答你。」

愛德華連忙搖搖手說:「不必啦,那沒什麼。」

但是,那個人非常堅持,愛德華反而被對方那種異常堅決的態度激出了防心,擔心對方有什麼不軌的意圖,於是悄悄瞄了下四周,同時渾身繃緊,以備萬一。結果,對方伸手探入背包拿出一把舊口琴,顯然並無惡意,愛德華這才放下心來。

那個人吹奏著一曲愛德華從未聽過的音樂,像是即興演奏,雖然不熟悉,卻也能令人感到陶醉,受到一連串樂音吸引。

一對年輕男女的嘻笑聲,頓時打破了這個動人的氛圍。那對男女來到他們附近,看到那個人,聽見那個人的口琴聲,停下了腳步,卻不是想傾耳欣賞,而是忍不住竊笑。

愛德華一時間感到有一點尷尬,不太自在,於是清了清喉嚨,乾笑了幾聲說:「咳,不錯,熱門搖滾樂,好得很,可是我得走了。」雖然語氣間並沒有不客氣,但卻免不了流露挖苦的調侃。

樂音顫抖了幾聲,而後戛然而止,接著寂靜了片刻。

那個人放下了口琴,眼睛注視著愛德華,蠕動著嘴唇好像想說些什麼,但最後只有苦笑一下,隨即轉身往大馬路上走去。

那對年輕情侶繼續嘻嘻哈哈地走開;目送那個人的背景,愛德華忍不住有一絲歉然,但終究還是板著臉坐進自己的車裡。

　　顯然，當我們風聞別人的故事，要是不能設身處地體會別人的處境，只會覺得荒謬好笑和無聊。相對的，別人看待我們的故事亦然。

　　演戲的是瘋子，看戲的是傻子；演戲的人之所以瘋，是因為全心投入，看戲的人之所以傻，自然也是因為全心投入。

　　投入，可以讓我們感受更多。

　　所以，像故事中的善意發酵片刻，會因為一個刻意的玩笑而被打斷，遺留下一點尷尬的黯然。本來，愛德華可以一同來完成這段溫馨的演出，但他選擇以淡漠拉開人與人之間的距離，只為了讓自己避免在外人眼光下的不自在。可是，他的執意抽離並沒有讓他更自在。

　　改變情緒，就能改變自己的思緒。用心想想，潑下一盆冷水非常容易，相反的，要煨熱一顆暖暖的心，卻有一定難度。我們是否要不顧自己心底的感覺，一切以外人的目光為標竿？

　　或許，這是我們該想一想的題目。

腳步慢一點，生活空間會多一點

腳步放慢、放輕一點，把握在手裡敦促自己
前進的韁繩放鬆一點，日子就能輕鬆許多，
我們彼此的生活就能多一點喘息的空間。

人類，其實有追求完美的本能。

我們希望把事情做得完好，我們希望生活充滿意義，我們期
待周遭的世界都能夠趨向盡善盡美。

由於我們有這樣的潛在驅力存在，所以腳步會不斷前進，在
到達一個階段之後，便會立刻進一步追求下一個階段。

然而，當我們保持前進的狀態時，自然而然會認為身邊的人
也應該跟著我們一同前進，一旦對方跟不上，我們就會失去耐心。

傑森就是一個很好的例子。他的家庭富裕，住的是高級住宅
區裡的洋房，父母是高知識、高收入份子，家裡兩個哥哥和一個
姐姐都是成績優秀、人緣又好的學生；家人都很疼愛傑森，事實
上，傑森的童年生活過得快樂無比。

但是，進入學校生活以後，一切都改變了。

傑森其實是個特殊的孩子，就是沒有辦法乖乖地坐在教室裡
學習，他或許對老師在課堂上的教學感興趣，然而，卻始終無法
持續在所有上課的時間一直保持注意力，就這麼被編進特教班。

進入特教班以後，情況並沒有更好的改變，因為傑森並不是
智商不足，而是沒有辦法乖乖坐在教室裡上課，但是老師卻不可

能只照顧他而忽略其他的孩子。最後結局總是傑森被趕出教室，一個人東晃西晃，成績單總不是 C 就是 D。

傑森的家人面對這種狀況，雖然沒有排斥，但並不代表他們就能接受傑森在學校的表現，他們只是忍受。

有一天，傑森一家人外出吃飯，一個男人突然來到桌邊，對傑森的爸媽說：「您好，我是傑森學校的老師，最近傑森的表現很好，老師們都很高興。」

傑森的爸爸錯愕地回答：「老師，你搞錯了吧？你說的是我們家的傑森嗎？我知道他很沒用，總是惹麻煩，也不知道是為什麼，這個孩子就是有問題，真的很不好意思。」

傑森的爸爸之所以這麼說，是因為他前不久才為了傑森的事到學校去，賠償被傑森不小心打壞的櫥櫃。

在傑森雙親尷尬的面容前，老師笑著說：「您別這麼說，傑森是個很聰明的孩子，他最近的進步真的很令人驚訝。爸爸媽媽要對他有信心。」而後老師拍拍傑森的肩膀就離開了。

這時，傑森的家人才回想起來，傑森最近真的變得不太一樣了，幾乎已經一陣子沒出過差錯，待在房裡念書的時間也變多了。

等到下一個測驗過後，所有的人真的驚訝了，因為傑森的成績大幅進步，而且每天更高興去上學，做起事來專注力也相對提高許多。

大家都對傑森的改變感到驚訝，並且好奇學校做了什麼改造了傑森。傑森的父母甚至懷疑傑森是不是作弊才得到好成績，直到在學校會見了傑森的老師，這才了解了事實真相。

傑森的老師以手語和筆談向他們說明傑森的學習特質，以及種種學習經過，因為她是個中度聽力障礙人士。而傑森的評語更清楚地點出事實的關鍵，他說：「爸爸，你知道嗎？我們老師不

Change for the Better

僅用耳朵聽，還會用心聽耶！」

　　特殊的孩子，需要獲得特殊的關照，但大部分的人都是平凡人，只會以一般概括而論的方式相處，很多時候，其實我們會自然地迴避這些看起來特殊、實際也特殊的人，因為不會相處而以冷漠傷害他們。

　　我們或許沒錯，但是傷害卻總是造成那麼大的傷口，特別是這樣特殊的人是我們的家人的時候。

　　正如故事中傑森的家人並非不清楚傑森的情況，面對傑森的問題他們並非不想解決，他們深愛傑森這個家人，卻也為他「不同於常人」所苦。

　　傑森的老師成功地拯救了傑森，也成功地挽救一個看似平穩實際飄搖的家庭。由於她的信賴和努力，使得傑森能夠肯定自己的價值，不會如同大家心裡所想是個「沒用的廢物」。這個結果使得傑森的命運改變了，同時也改變了他的家庭命運。

　　不只用耳朵聽，更要用心去聽。說來很容易，做起來何其困難？畢竟，我們大部分的時候，都忘了留心，總是急切前進卻慢不下來聽聞周邊的風景。

　　一點點就好，腳步放慢、放輕一點，把握在手裡敦促自己前進的韁繩放鬆一點，日子就能輕鬆許多，我們彼此的生活就能多一點喘息的空間。

PART 4

抱怨，
只會讓心情更加灰暗

命運並沒有刻意地虧待我們，
差別只在於我們的心情罷了，
所以，要選擇快樂或憂傷，
就看我們自己了。

共同付出，夫妻情誼才能維持

只要夫婦之間有愛、有關懷，那種共同打拚、牽手共渡難關的情感更令人感動，而那份情誼也將連繫更緊密。

　　一個談話節目邀請了幾位明星的老婆上電視談夫妻經，幾人侃侃而談自己的「御夫之道」。聽了一輪下來，其實不難發現，一個家庭的幸福之所以能維持，並不在於誰駕馭誰，或是由誰主導、由誰持家，而在於夫與妻兩個人情感上的投注和愛與關懷的連繫。

　　兩個來自不同環境的人，即使個性再相合，也需要一段磨合期之後才能真正平和共處，否則生活上的摩擦在所難免。畢竟，兩個人必須從「為自己著想」的心態中，調整出一部分的空間來「為家庭著想」。

　　有對夫婦結婚好多年了，老公總是將每個月的薪水袋交給老婆處理，但老婆總以家計為理由，把錢管得緊緊的。後來，老公加了薪，沒讓老婆知道，多出來的錢便暗地裡成了私房錢。

　　隔了一個月，他同樣把薪水交給老婆，結果發現老婆的臉色好像不太一樣，讓他忍不住感到惴惴不安，心想，該不會是自己藏私房錢這件事被老婆察覺了吧。那種奇怪的感覺一直持續到了

第二天，他想盡了辦法力持鎮定，就是不敢開口問老婆到底怎麼一回事。

晚飯過後，老婆依舊帶著有點神秘的表情坐在他身邊看電視，神情彷彿有點促狹，不時有意無意地瞧著他。就在他覺得快要受不了，想不打自招的時候，老婆開口了。

她說：「跟你說件事，我中獎了。」

得知原來不是私房錢被發現，他忍不住心情一鬆，口氣揶揄地說：「是不是真的？妳沒看錯吧！」

老婆笑得很嫵媚地回答：「唉喲！不是大獎啦，就一萬多塊。喏，發票給你，你明天抽空去領。」

隔天，他到了銀行排隊兌獎，結果不出所料，那張發票根本沒中獎，差了最後一個字。銀行櫃檯小姐一臉遺憾地看著他，讓他忍不住惱羞成怒，一把抓回那張發票，打算回家好好數落老婆，竟害他出了這麼大一個糗。

結果，一回到家，老婆煮了一桌好菜，臉上的笑意漾著光彩，這表情他好像已有好多年沒看過了。

他沉著臉好生猶豫了一陣，最後從口袋裡摸出他存了好久的私房錢，對老婆說：「哪，領回來了，高興了吧！」

不管這位老婆是真的頭昏眼花地對錯發票，還是為了讓老公乖乖交出私房錢而設局，都顯示出這位老公確實對自己的妻子有著一份濃厚的情感。至少，他願意珍惜老婆臉上的笑意與光彩而付出。

他心裡明白，老婆管錢管得緊是為了整個家庭，自然也不會自私地只求自己好、私自享樂。這就是一家人，也是夫妻之間真

實的情感表露，相信，如果家庭的開支真的早已足夠，老婆也不會死守財庫而不讓老公花用。

在傳統的觀念裡，男主外、女主內，只要男人在外事業打拚，好像回家就有當老大爺享福的特權，而妻子的責任就在於好好維持屋簷下的生活一切平順。然而，在現今男女能力平等的情況之下，家庭結構也面臨了挑戰。

有這麼一個說法，西方國家講求男女平等，老婆也要出外工作，也可以追求個人事業成就；由於家庭開銷都由夫婦共同分擔，所以家務的處理不管是男主人還是女主人都得分工合作，老公在家帶小孩的情況也算常見。

至於日本、韓國則是超級大男人主義的世界，老公是家庭的權威，話說了就算，茶來伸手、飯來張口，老婆小孩都不得忤逆，但是，相對的，老公則必須負擔整個家庭的生產力。

換句話說，如果不能為家庭帶來富裕的生活和高尚的社會地位，相形之下就更顯現出男主人的無能，勢必遭人恥笑。

所以，不管你的家庭選擇哪一種生活形態，都必須由夫妻二人共同決定，而後共同權責分擔。既然要組成一個家庭，夫妻兩人就不該再只為自己的利益著想，而是該共同為家庭付出。

儘管「貧賤夫妻百事哀」的說法可能是真的，但只要夫婦之間有愛、有關懷，那種共同打拚、牽手共渡難關的情感更令人感動；而那份情誼也將連繫更緊密，有了夫妻情深，家會變得分外溫暖。

想養寵物，先想清楚

> 動物與人類一旦建立起情感的連結，就是
> 一輩子的事；如果人類輕易地中止連結，
> 這種行徑是殘忍的，也是無情的。

隨著各種動物電影、廣告的強烈放送，可愛的動物形象在人的腦海裡生了根，養一隻寵物似乎變成一件理所當然的事。

但是，接納一隻動物進入家庭，並不是一件單純的事，也絕非是個人的事。除非家庭裡的所有成員都願意負起教養與照顧的責任，除非你能照顧自己，才有餘力照顧動物。

很多人養寵物的原因，來自於一股突如其來的衝動；很多人棄養寵物的原因，來自於對責任的無法負荷。但是，對寵物來說，當你成了牠唯一的天、唯一的主宰時，牠已經沒有別的選擇餘地了。

羅葉和楊小雲曾經各以「被棄養的狗」為題，寫了兩篇短短的故事。

其中，羅葉的〈樹下的狗〉一文，描述了一對熱戀男女在鳳凰樹下看見一隻大黃狗的場景。

女孩說那隻狗原本就住在社區裡，可是後來主人搬家了，就把牠丟在那裡。大黃狗有牠的執著，接受旁人給牠餵食，但卻拒

絕被撫摸和命令，狗兒的堅貞讓人印象深刻。

男孩不信，硬是要試，但果然得不到大黃狗的青睞。

然而，兩人的戀情不過數月就結束。多年後，男孩新交的女友剛好也住在那個社區，結果，路經那棵鳳凰樹時，竟看見大黃狗仍在樹下守候。

無獨有偶地，楊小雲的〈牽繩〉一文，也以第一人稱描述了在路邊停留的小狗的遭遇。狗兒熱情靠近一隻毛茸茸的小狗，可是還沒出聲就被小狗的主人嚴厲喝斥，要牠走開！

狗兒只好垂著尾巴蹲回垃圾桶旁，眼巴巴地望著那繫著紅色牽繩的小傢伙，心想：「我只是想問問牠，有沒有看到我的那條牽繩呀！」

望著熙來攘往的車子、行人，牠陷入沉思，曾經牠也擁有過一條紅色牽繩，只是牠不明白，那條牽繩為什麼不見了？

新聞裡播放著一段令人沉痛的畫面，一個個鐵籠裡關著一隻隻瘦弱的狗，記者報導這些狗已經超過七十天無人餵食也無人聞問了。原來，狗主人本想以犬隻配種做生意，所以養了各式名種犬，然而，隨著生意失敗只能捲款而逃，連家都不要了，哪還管得了那些狗？

本來為了獲得高經濟價值的小狗，一隻隻被養得肥滋滋，經常大補小補，但是，被主人惡意遺棄之後，世界便變了樣。沒有食物，沒有飲水，如果不是老天落雨，牠們早已魂歸離恨天；緊鎖的鐵籠，束縛住牠們的行動，也閉鎖了牠們的生路。身子弱的，早就支撐不下去，而勉強存活的，有不少是依靠同伴的血肉才得以活命。

　　那是一個殘忍無愛的世界，人類對牠們的愛寵，反而親自為牠們塑造了一個地獄。如果牠們不曾仰賴人類的照顧，或許不會有太美好的日子，但也不至於有太悲慘的日子。人類妄自成為這些寵物的主宰，如果那些疼愛終有一天會突然被收回，那麼還不如一開始就不要給予。

　　寵物並非自願成為寵物的，過度的疼寵與溺愛對動物來說也不見得是件好事；動物與人類一旦建立起情感的連結，對牠們來說就是一輩子的事；如果人類輕易地中止連結，這種行徑是殘忍的，也是無情的。

　　如果，你還沒準備好，請不要隨意飼養寵物；如果，你沒有足夠的能力可以照顧，也請不要隨意飼養寵物；如果，你不確定自己的家人和自己有相同共識，真的不要隨意飼養寵物。因為，那對寵物來說是不公平的，牠把生命和世界交到你的手上，然而你卻無法保障牠的未來。

用微笑生活，用快樂呼喚幸福

讓自己成為一個發光體，讓自己成為快樂
的源頭，你越為自己的一切感到快樂，你
的快樂將益發真實。

　　「笑一笑，沒什麼過不去的。」這是最近一部連續劇女主角
常說的話，很簡單，卻也讓人深有同感。據了解，經常開懷大笑
的人，日子過得比較輕鬆愉快，為人處事時也比較不易受到阻礙。

　　想想看，你想面對的，是一個真誠的笑容，還是抑鬱的愁容？
我想，西施捧心蹙眉的面容再美，恐怕也比不上鄰家甜姐兒的天
真微笑。

　　就像雨果說的：「笑就是陽光，它能消除人們臉上的冬色。」
顯然，當你面對一個歡喜的笑容時，緊繃的心緒將得以獲得舒緩。

　　我們常常聽到，微笑可以讓原本愁苦的心情變好。研究學者
艾克曼想證明人類是否真的能夠藉由臉部肌肉變化得到幸福的感
受，做了以下實驗。

　　艾克曼教導受試者鍛鍊眼睛周圍的肌肉，卻不透露學習這項
技巧的目的。實驗的結果證明，凡是能把眼睛周圍的肌肉控制得
越好的人，越常說自己出現了說不清原因的好心情。而在腦波記
錄上也顯示，當受試者有意識地擺出一真實微笑的臉時，所顯示

出來的電子訊號，看起來真的像是因為聽到好笑的笑話而被逗得開心的訊號。

艾克曼的研究顯示，微笑確實可以讓人感到幸福，不過，前提必須是真正的微笑。因為有一些微笑雖然笑得燦爛，但卻不同於真心的微笑。

比方說，當我們為了討好他人而勉強擠出的禮貌性微笑中，就會有著不確定的意味隱藏其中，而且在臉部肌肉牽動的情況上，相較於真心的微笑來說，也有些微不同。

真心的微笑，不只嘴角會上揚，而且連眼角也會出現笑紋。事實上，真正因為意識到好心情的感受而陶醉的模樣，是覺察得出來的，也是真正有魔力的。因此，微笑確實可以帶來幸福，只要是真正的微笑。

美國歌手卡洛‧金恩建議：「你必須每天早上面帶微笑起床，向世界展現你心中的愛，這樣人們一定會對你更好，你也將發現——是的，你一定會發現的——你覺得自己有多美，你就真的有那麼美麗。」

如果你可以決定苦著臉過日子，自然，你也可以選擇微笑過一生，就看你如何決定。如果微笑可以為我們招來幸福、帶來快樂，為什麼我們不想辦法讓笑容停留在臉上？

試著對著鏡子裡的自己微笑，你會發現，當你笑開來時，整個臉是放鬆的，是圓潤的，原本的稜角會因為一個笑容而變得和緩，整個人彷彿也輕鬆起來。

有人說：「又沒什麼好笑的，笑什麼笑？」

一定要覺得好笑才能笑嗎？能不能因為看到美好而笑？能不

能因為感到舒適而笑？能不能因為感動而笑？能不能因為欣慰而笑？能不能只為想笑而笑？

法國作家德圖什說：「笑是喜悅的必然結果。」

法國思想家蒙田則說：「能讓我發笑的不是我們的愚蠢，而是我們的聰慧。」

發自內心的微笑，顯現了我們對自身的滿足和愉悅。愛自己，愛自己的工作，愛自己的生命，我們擁有了快樂且有意義的人生，所以我們才能為笑而笑，而微笑掛在我們的臉上，將繼續為我們招來更多幸福。

法國學者朗‧諾安在《笑的歷史》裡這麼寫：「笑是一種宜人的疾病，也是一種傳染病。」

儘管笑吧，即使笑得太多，也不過就強調了你對自己所感到的快樂罷了。讓自己成為一個發光體，讓自己成為快樂的源頭，你越為自己的一切感到快樂，你的快樂將益發真實。

最後，別忘了經常散播你的快樂，讓大家與你同樂，在感染你的快樂同時，也將快樂回傳給你，而媒介就在於你們嘴角上微微的一笑。

創意需要開放的心來滋養

創意需要有一顆開放的心來滋養，從現在開始，開始動腦筋，開始行動，開始踏出第一步，你的未來便開始有了改變。

倘若你認為一件事不可能做得到，那麼這件事會成功的機率必然很小；如果一個人什麼事連試都不敢試，那麼這個人成功的機率絕對等於零。

有很多事情，沒有人說不能怎麼做，也沒有人規定一定要怎麼做，往往是我們自己為自己設了界限，把自己框限住了，以為什麼問題都只有固定的答案。如果我們在自己的腦子裡搭了一座牢固的框架，便可能會主動拒絕其他答案的可能性，因而讓自己陷入困境。

別把自己的腦子落了大鎖，人類就是需要揚棄自己腦中食古不化的觀念，多以開放的心來接納外界的訊息，才能彼此互動激盪出創意的火花。

有一位老師問學生：「十三的一半是什麼？」

第一個學生說：「六又二分之一。」老師說對，把這個答案寫在黑板上，然後又問了一次：「十三的一半是什麼？」

第二個學生有點遲疑地說：「六點五？」老師也說對，同樣

把答案寫出來，然後又問了一次同樣的題目。

台下的學生一個個楞住了，搞不清楚這個老師到底在玩什麼花樣。

老師說：「沒有了嗎？就這樣兩個答案？沒別的了？」

在老師的追問之下，有個學生爆出一句：「1和3。」

全班哄堂大笑。但是老師也說對，然後把答案寫出來，結果全班同學立刻好玩了起來。有人把數字寫在黑板上，然後擦掉上半部；有人把十三寫成羅馬數字XIII，然後分成十一（XI）和二（II）；有人回答十三的一半是二，因為一加三等於四，而四的一半是二……。答案源源不絕出現，快到老師幾乎來不及將答案寫上黑板。

最後，老師舉手喊停：「還記得我們剛開始的時候嗎？你們以為答案只有一個，現在你們知道了吧，答案永遠不只一個，必須找才會發現。」

顯然，答案並不一定只有一個，有時候答案確實可以有無限多種的可能。而且看起來很難的事，做起來可能並沒有想像中困難；看起來複雜的題目，答案可能很簡單。比方，古人常說「難如登天」，但是登天雖然難，卻並非做不到，畢竟飛機發明了，人類也登上了月球，許許多多曾經認為不可能的事，都在科技的發展下變成了可能。

創意本身並沒有固定的模式和形象，想要成為一個有創造力的人，首先就要先排除心中的障礙，如果擔心自己的點子沒有辦法成功，害怕自己的想法受到別人取笑，因此畏畏縮縮什麼都不敢做，怎麼有可能改變現況？

　　想像力就像一把鑰匙，足以打開通往知識的大門，我們的所知所學是一項觸媒，在與生活結合之後，就能生出許多新鮮又有趣的點子。

　　唯有滿懷希望的雙眼，才看得見充滿希望的事物；唯有積極樂觀的態度，才能將危機轉化為轉機；好點子更需依靠大膽的行動，才能讓成功露出曙光。

　　創意需要有一顆開放的心來滋養，馬克·吐溫就曾經諷刺地說：「想出新辦法的人在他的辦法沒有成功以前，人家總說他是異想天開。」

　　好的創意可能因為他人的訕笑而胎死腹中，成為一個空想；但是，如果一個天馬行空的點子，得到了信心的支持，就有可能創造出一項奇蹟。

　　英國詩人布萊克說得非常浪漫：「打破常規的道路指向智慧之宮。」

　　想要成功地抵達智慧的殿堂，你要有行動和實踐的勇氣。想要讓美夢成真，現在就要開始打造你的夢想。

　　也許，從現在開始，開始動腦筋，開始行動，開始踏出第一步，你的未來便開始有了改變。

冷靜，才能隨機反應

冷靜下來，將整件事從頭到尾咀嚼一遍，
預想幾個方案以應付不時之需，才不致於
腦袋空空、不知所措。

考試的時候，再難的問題，只要經過充足的準備，大都能做出適當的答案。

但是，面對臨場反應的考驗時，由於思考的時間不夠，理不清思緒，便很容易就會犯下錯誤的判斷。

有人這麼說：「過於依賴經驗來判斷，會造成反應僵化，危機來臨時當然無法做出智慧的選擇。」

這是因為，危機不一定是過往經驗中曾經出現過的，無法事先預防，只能看事辦事、隨機反應，不夠冷靜是做不到的。

高速公路上發生了一起車禍，兩輛轎車互相擦撞，最後終於在路邊停了下來，所幸車主都沒有受傷。

雖然車主沒受傷，可是彼此受到的驚嚇卻不小，身體顫抖不已，也沒有力氣爭個誰是誰非了。

兩人就這麼在路邊坐下來，互相交換名片，一位是徐律師，另外一位是林醫生。

徐律師由口袋裡掏出一小瓶酒來，對林醫生說道：「來，壓

壓驚！」

　　林醫生說了聲謝謝，拿起酒瓶咕嚕咕嚕灌了好幾口，才把酒還給徐律師。然而，徐律師接過酒瓶後並沒喝，反而蓋上瓶蓋放到口袋裡。

　　林醫生見他沒喝酒，於是問他：「你不喝嗎？」

　　沒想到，徐律師馬上回答：「要啊！但是要等警察來過以後再喝。」

　　我們可以想像，林醫生聽了這話，大概恨不得立刻把剛才喝下去的酒全給吐出來，因為等警察來了，發現他滿嘴的酒味，怕是跳到黃河也洗不清了吧！

　　徐律師使用心理戰術解決車禍問題，顯然勝之不武，但大體上來說，醫師對於法律問題，當然是比不上律師。

　　很明顯的，這起事件和之後的處理方式並不在醫生熟悉的經驗範圍之內，所以，一時不察便著了律師的道了。

　　喝酒不開車，開車不喝酒，是大家都知道的事，那個醫生也一定知道，但是因為事發突然，就失去了原本的敏感度。

　　我們不可能期望自己對於所有的事情都瞭若指掌，但是遇到突發狀況，我們卻可以給自己一點時間冷靜下來，將整件事從頭到尾咀嚼一遍，預想幾個方案以應付不時之需。

　　唯有這樣子，不論接下來事情怎麼發展，才不致於腦袋空空、不知所措。

　　更進一步的，我們還可以像故事中那名律師一般，主動出擊，先確保自己站穩有利位置。

　　高手過招強調的是先發制人，在走第一步棋的時候，已想到

後十步棋的可能，等對手應一步棋，則想到其後數十步。主動出擊，可以讓自己保持先發主導的地位，而不是只能針對事情做出反應，相對的，還能趁對手反應的時候，有更充足的時間來思索最佳的回應方法。

處理事情需要冷靜的思緒，讓自己保持冷靜，那麼無論臨場如何變化，我們都能夠快速且正確地隨機反應。

就算妥協，也要無愧無悔

> 事情會不會發生？最後會如何演變？這些
> 並非個人所能控制，但我們至少可以堅持
> 不要愧對自己。

　　人類是群居動物，既然不得不跟別人一起相處，就不可能每件事情都順著自己的心意而行。

　　在民主社會裡，更是如此，想要得到他人的認同，讓自己心之所願付諸實行，就一定要運用某些手段才行。

　　這些手段可能是引導，可能是說服，可能是逼迫，也可能是欺騙，總之是某一方運用影響力，使得另一方做出自己希望的決定或行動。

　　如果發揮影響力的一方，能使對方心甘情願地做出回應，那麼便不至於發生什麼衝突或爭執；但如果讓對方產生了反感，便會爲了捍衛自己的意見和想法，而做出相對的反擊。

　　三百多年前，一名建築師克里斯托‧萊伊恩受命設計英國溫澤市的市政府大廳。在他的設計裡，巧妙地運用了力學的原理，整座大廳的天花板竟只需用上一根柱子便可支撐。

　　但是，當建築峻工，政府官員前來驗收的時候，卻認為只用一根柱子支撐的天花板未免太過危險，便要求萊伊恩非得再多加

幾根柱子不可。

　　儘管萊伊恩提出了種種證據來佐證自己的論點，強調以一根堅固的柱子就足以支撐天花板，大廳的安全無虞，不需再多加柱子，但是，官員們並不以為然，仍要求他一定得照辦，否則就要他退出建築工程，還威脅他可能因為違約而吃上牢飯。

　　固執的萊伊恩不得不開始思考，自己究竟要不要妥協。他心想，如果堅持己見，繼續爭執下去，他肯定沒有勝算，政府官員一定會找別人來重新設計，那自己的心血不就白費了嗎？

　　但是，他又不甘心自己的理念被如此貶抑。最後，他終於做下決定，同意在大廳裡再加上四根柱子，但是這些柱子的頂端並沒有接觸到天花板，也就是說這些柱子只是擺好看的，並沒有任何支撐的作用。

　　他用這個方法通過政府官員的驗收，同時又不減損自己的信念。三百年後，當市政府準備重新修繕大廳時，才終於發現了這個秘密，一時間引起廣泛討論，萊伊恩的建築功力，此時才受到了世人的肯定。

　　當年那些政府官員早已消失在時間的洪流之中，可是建造出這幢「嘲笑無知建築」的萊伊恩，卻在建築史中留下印記。

　　如果我們注定要接受妥協，會用什麼樣的方式去面對？能不能像萊伊恩一樣想出辦法化解呢？

　　對於市府大廳的設計，建築師有建築師的想法，官員有官員的考量，他們都認為自己是對的。

　　所抱持的立場不同，做出來的決定當然也不同。在當年，看起來像是官員贏了，而萊伊恩輸了，但三百年後卻又是完全相反

的結果。

這個故事告訴我們，我們不能知道我們所做下的決定是不是絕對正確無誤，也不知道我們的決定會對未來造成什麼樣的影響，我們只能對自己充滿信心，相信我們的每一個決定是經過我們深思熟慮、謹慎評估才行動的。

如此一來，就算是眼前必須讓步、妥協，只要最後的決定對得起良心，那麼我們就不會後悔。

有人說：「我們可以選擇如何反應，卻控制不了事情的發生。」說穿了，我們所做出的每一個決定與行動，其實都是自己心底同意了才會去做的；一個不覺得自己做錯的人，是不會感到悔恨與不快樂的。

就算是自覺所作所為都是為人所逼，歸咎原因，其實也是自己願意被逼才會如此行動，所以當我們發現自己做出違背初衷的行動時，懊悔的感受是來自於自己而非外在。

相對的，面對不利於自己的形勢，如果我們能依著自己的心意去反應，對於結果我們就不至於會過於苛求。

所以，做決定時，一定要先問問自己：「真的決定這麼做了嗎？願意承擔所有的後果了嗎？」就算妥協，也要無愧於心。

事情會不會發生？最後會如何演變？這些並非個人所能控制，但我們至少可以堅持不要愧對自己。

抱怨，只會讓心情更加灰暗

命運並沒有刻意地虧待我們，差別只在於
我們的心情罷了，所以，要選擇快樂或憂
傷，就看我們自己了。

　　瞭解自己的人不會抱怨他人，掌握自己命運的人不會抱怨上
天；抱怨別人的人則窮迫不得志，抱怨上天的人則沒有上進的決
心和勇氣。

　　抱怨，是我們逃避生活困境與不順遂的一種自然反射動作，
因爲只要把過錯推給別人，彷彿就能減輕我們心裡對自己的厭惡
感，讓我們覺得好過一點。所以，千錯萬錯都是別人的錯，怪東
怪西就是不怪自己，沒有人可以怪的時候，就怪罪老天充數。

　　這樣的想法，是人類的通病，而且這樣的想法也是世界紛亂
的源頭。

　　若我們不能自省自身的錯誤，反而冀求別人來負責，推託逃
避的結果，就是共同身陷泥沼困境，難以自拔，更遑論改善與進
步了。再說，光是抱怨而沒有把事情根本解決，問題仍舊存在，
抱怨得再多又有何用呢？

　　當然，我們不必爲了想逃脫這樣的形象，便矯情地遇事就把
錯誤全攬上身，但是我們卻可以在開口抱怨之前，先在心裡問自
己幾個問題：「我的判斷正確嗎？」「我的行事步驟有所缺失
嗎？」「我能事先覺察問題嗎？」「我能預防事情不要發生嗎？」

「我能找到其他的解決方法嗎？」……

能夠這樣自己先將問題點釐清，就不至於錯怪他人，也能將抱怨的負面情緒，轉為積極解決問題的正面態度。

作家羅蘭在《羅蘭小語》寫道：「一個人如果肯對自己所有的一切，抱著一種知足感謝的心情，就不會抱怨命運待他不公。」

正面的處事態度，能夠幫助我們平心靜氣地度過眼前的種種困厄；「比上雖不足，比下卻有餘」的想法，有時候也能夠適度消除我們對現實慾望不滿足的沮喪情緒。

有個推銷員工作不甚順暢，生活過得潦倒困頓，每天一醒來，就為自己的「懷才不遇」而感到傷懷。對於「命運的捉弄」，他特別難以忍受，只要一想到自己不知道何時才能出人頭地，就一點也快樂不起來，整天唉聲嘆氣地抱怨「上天不公平」。

耶誕節的前夕，路上到處洋溢著過節的氣氛，家家戶戶張燈結彩，熱鬧得不得了，相較之下，他的心情也就更加灰暗沮喪了。

他來到公園的一張椅子坐下，看著人來人往，不禁想起了自己的過往，他想起去年的耶誕節也是一個人過，在租宿的舊公寓喝得爛醉，既沒新衣也沒新鞋，更別說新車新房了，只有第二天宿醉後的劇烈頭痛。

一想到今年自己又得如此，他的氣不禁嘆得更加大聲了。

他喃喃自語說：「唉！今年又要穿著這雙舊鞋過節了。」

想了又想，他分外地為自己覺得不值，一時間氣憤得想把那雙舊鞋給脫了，省得礙眼心煩。

就在他拉鬆了鞋帶，正想脫下鞋子的時候，一個年輕人坐著輪椅滑過他的身邊。這個年輕人改變了他的心境，也改變了他的

命運。

他停下了手上的動作，一動也不動地看著那名年輕人離開他的視線。他突然體悟到，自己能有雙舊鞋可穿，其實是件多麼幸福的事，看看那名年輕人，他連穿鞋的機會都沒有了！

仔細地思考一陣，他決定不再自怨自艾了，從此發憤圖強，珍惜每一個眼前的機會，終於成功地改善了自己的生活。

雪萊的《西風頌》寫得好：「風啊！冬天來了，春天還會遠嗎？」而有一首歌是這麼唱的：「縱然沒有月光，我們可以看星光，即使失去星光，還有溫暖的眼光。」

管好自己的情緒，保持正面的生活態度，就能讓我們學會珍惜眼前的幸福，而沒有空去抱怨不幸了；抱持著希望展望自己的未來，不是很美好嗎？何必執意沉浸在失意的泥沼之中呢？

正如同羅馬詩人奧維德所說的：「如果計算一下全年陰天和晴天的數目，你會發現陽光真是普照的。」

站在陽光下，假使低下頭，那麼我們只會看見一塊塊的陰影，但只要願意抬起頭來，我們卻能看見炫目的日光。

其實，命運並沒有刻意地虧待我們，差別只在於我們的心境罷了，所以，要選擇快樂或憂傷，就看我們自己了。

將難聽的話留在嘴裡

應該在惡言出口之前，三思再三思。就算
有些架非吵不可，還是要提醒自己將難聽
的話留在嘴裡。

格拉寧在《婚後》中寫道：「爭吵是很容易忘卻的，但是爭
吵中的發洩，卻留下了難以消除的痛苦。」

其實，又豈止在婚姻裡如此，我們生活中的每一種人際關係，
都可能因為爭吵對立而破裂。

有的人以為自己是在爭論一個道理，或許真理真的是越辯越
明，但是，很多人辯到了最後，哪裡是在辯論事理呢？只不過是
淪為情緒性的相互攻訐，互揭瘡疤罷了。

這種現象遇上了各種選舉期間，更是層出不窮，讓人不免覺
得生在這個社會，還不得不訓練自己吵架的本領，如果不能拍踢
桌子大罵幾句，甚至冷言諷刺，彷彿就會被人看扁了似的。

所以，你吵我就吵得比你更大聲，一時之間，整個社會全充
斥了你罵我、我罵你的聲音，沒有一個是好人。

吵架是一個危險的行動，因為在那樣情緒激動的時候，許多
你原本不打算說的話，都會以最惡劣的形式脫口而出。

有位富婆，氣焰囂張地在一家高級餐廳裡，不停抱怨著這樣

不對，那樣不好。侍者尊重顧客，不敢發怒地站在一旁聽她抱怨，但是，富婆絲毫沒有作罷的打算，反而得寸進尺，高傲地指著一道菜說：「你說，這叫作食物？我看連豬都不會吃！」

被罵得心有不甘的侍者終於按捺不住，冷冷地說：「是這樣嗎？那麼，我去替您弄點豬吃的來。」

這種口出惡言、反唇相譏的例子，也經常出現在現代的婚姻生活之中，以下就是一個例子。

丈夫聽了不中意的話，指責說：「妳講話起來就好像我是一個白癡。」

太太反唇相譏：「你難道不曉得只有這樣，你才會懂？」

「拿去洗衣店的襯衫拿回來了嗎？」過了一會，丈夫沒好氣的問。

「我是你什麼人，女傭嗎？」妻子回答。

「當然不是，」丈夫逮到機會，頂了回去：「妳如果是女傭的話，至少應該懂得怎樣洗衣服。」

兩個例子，都是不懂說話藝術的最佳例證，也道盡了現代人典型的交往模式，要嘛心無善意，要嘛不懂寬容。

我們經常掉進一個陷阱，就是爭論必有輸贏，總之一定要吵出個誰對誰錯，每個人都堅持己見，絲毫不肯退讓，即使罵盡對方祖宗十八代也在所不惜。極盡嘲諷、刻薄的言語全數出籠，傷人也自傷，何必呢？

富婆勝過侍者的只是錢罷了，並不代表她就可以仗恃著自己有錢就對人頤指氣使，別人不見得要忍受她的氣焰，不是嗎？

至於侍者，大可以請她離開這個令她感到不愉快的地方，而不見得要出言嘲諷，反降低了自己的格調。

夫妻之間更應該和睦相處，既不能把在外頭所受的怨氣帶回

家裡，也不必在言語上爭強鬥勝，否則婚姻關係就難以維持下去。

看輕他人的人，終究也會被人看輕。

惡毒的語言就像一種毒素，它能將人與人之間的任何好的連結，全數侵蝕殆盡。很多人只知道「得理不饒人」、「火上澆油」，吵到最後，彼此之間只剩下嫌惡與憎恨。

如果人與人之間往返的都是憎惡與仇恨，我們還有心靈安寧之日嗎？我們還能創造出任何美的事物嗎？

不能的，因為醜惡的心所造就的，是醜惡的世界。

既然言語的能力來自於思考的能力，我們就應該在惡言出口之前，三思再三思。就算有些架非吵不可，還是要提醒自己將難聽的話留在嘴裡，這是為人處世最基本的氣度。

紀伯倫說：「讓愛成為靈魂兩岸之間流動的海洋。」

唯有改變彼此針鋒相對的態度，才能讓人與人之間的關係，以愛相繫，而非以恨連結。

別讓悲劇絆住自己的腳步

別讓悲劇絆住了我們前進的腳步，

留在悲慘情緒的黑暗洞窟裡，

只會讓我們任憑痛苦折磨，

直至全身無力，哀嚎而終。

不要因為低潮而放棄人生目標

千萬不要放棄擁抱夢想的熱情，始終保持
追求夢想的衝勁與勇氣，才不致於讓心中
的那把生命之火灰飛煙滅。

　　人生難免會有低潮的時候，但別忘了，正如愛爾蘭小說家愛德娜‧歐伯萊恩所說：「逆境和順境一樣，常會接踵而至。」身處逆境之時，為什麼不把這一段谷底的歲月，看成是自己蟄伏的機會，藉此沈澱自己紛亂的心情，反省自己過往的錯誤，等待另一個展翅高飛的時刻？

　　根據歷史上的記載，滑鐵盧戰役的失敗是拿破崙一生最後的失敗，但有人說其實不是這樣，因為拿破崙的最後失敗，是敗在一顆棋子上。

　　據說，拿破崙在滑鐵盧之役失敗之後，被判流放到聖赫勒拿島監禁，終身不得離開，在島上過著十分艱苦而無聊的生活。

　　後來，拿破崙的一位密友透過秘密方式贈給他一件珍貴的禮物，是一副象牙和軟玉製成的棋子。拿破崙對這副精製而珍貴的棋子愛不釋手，一個人默默地下棋，多少解除了被流放的孤獨和寂寞。

　　這位有名的囚犯在島上用那副棋子打發著時光，最終慢慢地

死去。

拿破崙死後，那副棋子多次以高價轉手拍賣。最後，棋子的所有者在一次偶然的機會中發現，其中一個棋子的底部可以打開，當那人打開後，發現裡面竟密密麻麻地寫著如何從這個島上逃出的詳細計劃。在當時，這是一則轟動世界的大新聞。

可是，拿破崙沒有在玩樂中領悟到這個奧秘和朋友的良苦用心，所以，他到死都沒有逃出聖赫勒拿島。這恐怕才是拿破崙一生中最大的失敗。

其實，拿破崙被流放之後，他所失去的不只是自由而已，還有他的野心與勇氣；如果上述這個故事是真的，那麼，拿破崙的確是敗在自己手上。

假設拿破崙始終維持他高峰時期的氣魄與架勢，那麼小小的聖赫勒拿島又能奈他何？他絕不會呆坐著唉聲嘆氣，滿足於以下棋度日的生活，他必定會終其一生，極盡所能地想辦法與外界連絡，思考逃脫的方法。

這則軼事提醒我們，千萬不要放棄擁抱夢想的熱情，始終保持追求夢想的衝勁與勇氣，才不致於讓心中的那把生命之火灰飛煙滅，到時想要死灰復燃就得靠機緣了。

人一旦失去目標，心志冷卻了，即使有助功成的利器就在手邊，恐怕也會如同拿破崙一般視而不見吧。我們一定會遭逢失敗的際遇，但我們不認輸的韌性和氣勢，仍會將我們帶向成功。

傳遞關懷，建立幸福的循環

我們渴求獲得幸福，相對地我們也應該去
為他人帶來幸福，如此才能讓幸福源源不
絕地循環下去。

　　每個人心中，都應該會有一些對自己來說非常重要的人、讓
你在乎的人、讓你深愛的人。但是，我們常常會忘記要將我們心
中的在乎和關愛傳達出去。其實，每個人的心藏在肉裡，別人又
怎麼能猜得中你現在在想些什麼？當然，你也猜不出別人想什麼。

　　既然如此，大家就別費事猜來猜去了，喜歡、關愛一定得說
出口、實地去做，對方才會知道，也才會感受得到。

　　在美國，有一位女士曾經發起了這樣一個運動，她設計了許
多藍色的緞帶，在緞帶上寫著「Who I Am Makes A Difference」
字樣，意思是由我開始，為世界創造出不同的價值。

　　這個運動被稱為「藍色緞帶」，至於發起人布里姬女士則四
處演講，發送緞帶，鼓勵收到緞帶的人能將緞帶轉送給家人與朋
友，藉由這樣的舉動，感謝這些陪伴在我們身旁的人。

　　據說，藉由這個傳遞藍色緞帶的活動，改變了許多人的生命，
也引發了許多感人的故事。

　　布里姬送了一位好朋友三條緞帶，希望他能繼續將緞帶轉送

給別人。

於是，這名朋友將其中一條送給一位平常對他不苟言笑，總是事事挑剔的上司。雖然這個上司工作時的嚴厲態度，偶爾會讓他覺得沮喪，但是他卻也因此學到了許多東西，所以，他非常感謝上司給他的影響，讓他的工作能力更上層樓。這名上司聽了感到非常訝異，因為公司同事一向對他敬而遠之，所以他一直覺得自己人緣很差，以為同事們都不喜歡他，想不到竟然還有人不計較他嚴苛的態度，反而向他道謝，並視之為正面影響。

他依然酷著一張臉收下了緞帶，但他的心已經變得柔軟多了，終於，他微揚了嘴角道了聲謝。

布里姬的朋友另外還留下了一條緞帶，希望他的上司能將緞帶再轉送給另外一位影響他生命的人。

一整個下午，這名上司坐在他的辦公室裡，拿著緞帶一臉若有所思。

左思右想之後，他決定提早下班，一回到家，他便將那條藍緞帶送給了正值青春期的兒子。

他們父子關係並不好，兒子老是關在房裡，不知在想些什麼，而他工作又忙，每天回家時間又晚，有時一整天都說不上一句話，難得碰了面，也老是為了兒子的學業問題爭執，總是罵得多，讚得少。

那天，他敲了敲兒子房門，兒子一臉蒼白地開門，彷彿很訝異今天父親竟然這麼早就回家。

他將緞帶交給兒子，同時為了自己以往的態度道歉。他認真而誠懇地表示：「儘管我從未稱讚過你，也很少時間和你相處，但是，我要告訴你，身為你的父親，我感到無比的喜悅與驕傲，我很愛你，也以你為榮。」

當他哽咽地說完，他的兒子竟然放聲地哭了出來。

因為，他以為父親一點也不在乎他，進而連他自己也不喜歡自己，恨自己沒有辦法討父親歡心，一點人生價值都沒有。就在父親敲門之前，他原本想自殺了結如此痛苦的一生，但是父親的一席話，又讓他重新對生命燃起信心，原來，自己還是一個有人愛的人。

他的父親聽了，不禁嚇出了一身冷汗，如果不是他及時地說出自己心中的想法，今天回家時，所面對的可能就是兒子的屍體了。一條小小的緞帶，一句簡單的問候，改變了一個家庭可能會發生的悲劇。

每個人的生命都有獨特的價值，而每一份關係也同樣有著難以取代的價值，珍惜這些價值，感謝那些影響我們的人，是一種愛的能量的傳遞，也是一項極有意義的行動。

我們在失意之時，接受了來自別人的善意，讓我們重生新的勇氣，所以，我們也應該將這份善意傳遞出去，讓我們的社會中，充滿了善的循環。

並非那條緞帶上頭有什麼魔力，而是我們每個人都需要周遭的支持，藉以得到重生的力量。

我們渴求獲得幸福，相對的，我們也應該去為他人帶來幸福，如此才能讓幸福源源不絕地循環下去。

別讓悲劇絆住自己的腳步

別讓悲劇絆住了我們前進的腳步，留在悲
慘情緒的黑暗洞窟裡，只會讓我們任憑痛
苦折磨，直至全身無力，哀嚎而終。

　　當我們一早醒來的時候，沒有人知道今天會以什麼樣的方式
結束。可能因為獲得一個工作機會而高興，可能因為一件心愛事
物遺失而傷心，更可能因為某種傷害而感到憤怒；……。

　　沒錯，我們得迎擊每一天突如其來的各種挑戰。

　　當站在命運前方的是不知所為何來的悲劇，我們應該如何面
對？當衰事、討厭的事迎面而來，又避之不開的時候，我們又該
怎麼辦？

　　或許，我們只能先概括承受下來，然後努力尋找一個生命的
出口，將所有的黑暗、晦澀全部拋之腦後，因為，只有迎向人生
的光明面，我們才能順利逃離悲劇的洞窟。

　　中學教師瑪麗，因為課堂上一名不滿管教的學生突然發飆，
抓起椅子從她背後砸了下去，加上一頓拳打腳踢，嚴重的腦震盪
導致神經受損，因而喪失了記憶，臉上更破了相，留下了可怕的
傷痕。

　　這場無謂的傷害，將她的人生沉入了悲劇的泥淖之中，她不

記得所有的過往，忘了和孩子相處的方式，也讓孩子不敢和她接觸，更因為腦震盪的後遺症讓她常常昏倒，失去自理的能力。

她的丈夫只得辭去工作，專心在家裡照顧她和孩子，全家只依靠原本僅有的積蓄和社會福利救濟金過活。

一個又一個困境，像烏雲般不斷地籠罩過來，她的心情更是愁雲慘霧，認為這一切都是自己造成的，每天都覺得生無意義，還不如死了痛快。想到這裡，自殺的念頭便油然而生。

於是，她打了通電話給律師，想要問清楚，萬一她意外身亡，她的丈夫和孩子是否能夠繼續領取那筆救濟金？律師回答：「假如妳遭遇了不測，那麼原有的福利將自動中止。」

這個答案讓她頓時冷靜下來。

她看著牆上的照片，看到家人開心的笑容，想到親人為她付出的愛和關心，她明白雖然自己至今遭遇了許多的磨難，但是還不該失去活下去的希望。她拿出日記本，在上頭列出勸自己放棄自殺的理由。

第一點她便寫了：「因為史蒂夫愛我。」

接著，她又寫：「我不能讓孩子以為自殺就能擺脫不幸。」

在那份清單的最後，她寫道：「我必須和親人一起攜手走完漫長的人生旅途，雖然我不明白為什麼仁慈的上要讓我承受這麼多的苦難。」

她決定不再為自己悲慘的過去哀傷，她重新站了起來，積極地為自己與家人而活。後來，她經常應邀到各地演講，將自己的經驗與看法與聽者分享，在生與死之間，她做出了莊嚴的抉擇。

有一名記者在聽了她的演講之後，如此說道：「她身遭如此不幸卻能用如此安詳平和的語言敘述自己的苦難⋯⋯，從她的經歷中，我們獲得了直接面對不幸人生的精神力量，獲得了生命是

燦爛美好的強烈感受。」

　或許，這也是這個故事中最好的註解。

　歌德說：「流水在碰到牴觸的地方，才把它的活力解放。」

　俄國作家尼古拉‧奧斯特洛夫斯基：「人的生命如洪水奔流，不遇著島嶼暗礁，雖以激起美麗的浪花。」

　生命中，會有無數的考驗，以極為嚴酷的面貌出現，我們往往難以防備它們的攻擊，但我們不應就此被打敗，只要生命不死，我們就還有回擊的機會。所以，別讓悲劇絆住了我們前進的腳步，因為繼續留在悲慘情緒的黑暗洞窟裡，只會讓我們任憑痛苦折磨，直至全身無力，哀嚎而終。

　在佛教教義中，以生命輪迴的觀念引導信徒，目的就是為了讓大家看淡生命中所遭逢的各種折磨，這世的折磨，來自於前世的業障，只要今世誠心向善，就能為來世積福。

　不論這樣的觀念是否為真，但是這樣的心理建設，足以讓信徒積極追求光明圓滿善，而忘卻悲哀怨嗔癡，不失為一個好方法。

　總之，緊抓著仇恨不放，只會讓心繼續受到恨意煎熬；放開哀愁的過往，才能讓心真正自由，生命才能自在快活。

放下痛苦就是幸福

改變我們的心境和態度，讓我們的生命充
滿希望，而非充滿仇恨與苦難，我們就能
自在無束地生活下去。

　　有人說，這個社會早已人情淡漠，不要說什麼雪中送炭，連
舉手之勞大家都吝於付出。當真是如此嗎？

　　或許吧！透過電視媒體，我們可以知道，某些駭人聽聞的案
件，事後不都傳出有人目擊或聽見受害人的掙扎與慘叫，但是在事
發當時，卻沒有人出手相助，甚至連舉手撥電話報警處理都沒有。

　　這樣的事件的確令人震驚，可怕的不只是兇手的凶殘，更是
這些就近在咫尺的「好人」為什麼不動聲色？難道這些人真的心
如鐵石，是邪惡的壞人嗎？或者他們和被害者有什麼深仇大怨嗎？

　　不，他們只是和我們一樣的普通人罷了。

　　「明哲保身」、「小心駛得萬年船」、「各人自掃門前雪，
莫管他人瓦上霜」……，我們被這樣的觀念訓練得要先保護自己
才能顧及他人，所以才造就了這樣悲劇頻傳的社會。

　　然而，我們真的打從骨子裡變成如此冷酷無情了嗎？與生俱
來的「惻隱之心」真的在我們心裡消失無蹤了嗎？

　　或許，我們可以來看看蘇聯作家葉甫圖申科在《提前撰寫的
自傳》中，所講的一則感人的故事。

時間是一九四四年的冬天，兩萬名德國戰俘排成縱隊，從莫斯科大街上穿過。當時，每一條馬路上都擠滿了人群，士兵和警察就站在馬路的兩側維持秩序。圍觀者大多是婦女和小孩，他們有的沒有丈夫、沒有父親、沒有兒子，因爲他們的親人大都在戰爭中被德軍所殺。

　　仇恨，他們眼中充滿仇恨地看待這些戰俘，因爲親人的生命，可能就是葬送在其中某一個戰俘手中。爲了防範圍觀群眾的情緒過於激動，警察和士兵們小心地警戒著，以防發生暴動。

　　戰俘們猶如喪家之犬，個個衣衫襤褸，面容憔悴，雙眼無神，在這場戰爭之中，他們充其量不過是集權者手中的一枚棋子，但是成王敗寇，戰事既然失敗，也沒有什麼好辯解的，只希望能留有一絲生存的希望。

　　戰俘們走進這個路口，馬路兩旁的婦女個個將她們粗糙不堪的雙手緊緊握拳，而士兵和警察們也努力地阻擋她們推擠。這時，一名腳穿一雙破舊軍靴的老婦人，來到了警察身邊，向警察要求讓她走近戰俘的行列。

　　執勤的警察原本不同意，但看到老婦人一臉平靜，加上身形瘦弱，應該不至於造成什麼危險，於是破例同意了。

　　就這樣，老婦人走近一名疲憊不堪、只剩兩條腿勉強支撐的戰俘身邊，然後從衣袋裡掏出一個印花方巾小包裹。

　　她把包裹打開，裡面是一小塊黑麵包，她有點赧然地將那個小麵包塞進那名戰俘懷中，然後，默默地離開。那名戰俘臉上的表情，從驚恐到驚愕，再到感激，終於垂眼流下淚來。

　　一時間，整個氣氛轉變了，現場的婦女由四面八方地湧向戰

俘隊伍，將她們身上僅有的麵包、香煙等物品塞到那些戰俘們的手中。文章最後，葉甫圖申科寫了這樣一句話：「這些人已經不是敵人了，這些人已經是人了。」

莎士比亞這麼寫過：「想到自己的苦難別人也曾經熬受過，雖然不能治癒痛楚，卻使它稍稍緩和。」

痛楚已然發生，就無法將之收回，縱使別人說了一千遍對不起，也同樣於事無補，所以，我們會想要報仇，會希望別人也和我們遭受同樣的痛苦。但是說真的，如果我們並不真的是冷血無情的人，卻發現自己做出了冷血無情的事，事後我們內心所承受的煎熬，同樣會令我們難以忍受。

老婦人以德報怨的舉動，在我看來並非矯情，而是一種昇華，我們至少可以淡化仇恨，讓我們的心自由，不再受到痛苦的束縛。

戰俘們已經要面對他們所作所為的苦果，現在再上前去揍他們一拳，吐他們幾口唾沫，真的就能消去我們心頭之恨嗎？

或許這個問題，只有在我們心裡才有真正的答案吧！

英國哲學思想家培根在《人生論》中提到面對逆境時說：「一切幸福並非沒有煩惱，而一切逆境也絕非沒有希望。」

在人生中，我們會經歷種種阻礙與種種磨難，有一些很可能根本就是毫無理由、莫名其妙的，我們難道要因此怪罪自己嗎？就算是怪罪老天又有何用呢？將自己從可悲可嘆的情境中掙脫出來，才是刻不容緩的行動。

改變我們的心境和態度，讓我們的生命充滿希望，而非充滿仇恨與苦難，我們就能自在無束地生活下去。

生命的轉變就在一念之間

生的時候傾盡全力實現夢想，死亡就不等
於生命的結束，因為我們已在人間留下了
美麗的軌跡，從此活在別人心裡。

　　在印度，有一句格言這麼說：「你哭著來到人間，但周圍的
人為你的誕生歡欣。你必須善加把握生命，在你離開世界的時候，
讓別人圍著你哭，而你卻含笑離去。」

　　能夠出生，是一件好事，代表著你我能夠來到這個世界，積
極地參與世界的變化，享受生命的美好。但是，萬物終有時，既
有生，定有死，這是不變的道理，只不過因為我們對生的喜悅和
貪戀，使得我們更加不願面對死亡的恐懼。

　　你相信面對生死的態度，可以左右一個人的生死嗎？有這麼
一個故事提供給大家參考。

　　有兩位年輕人出外打拼賺了許多錢，許多年以後兩人更偕伴
共同返鄉，希望能就此安享晚年。

　　在他們回鄉的路上，遇見了一位身穿白衣、手拿銅鑼的老人。

　　老人叫住他們兩人，他們回頭問道：「老先生，請問有何貴
幹？」

　　老人說：「我是專門替人敲響最後一聲銅鑼的使者。你們兩

位目前都只剩下三天的壽命，第三日黃昏我就會到你們家門外敲響銅鑼，當你們聽到鑼聲，你們的生命就立刻結束。」

老人說完登時消失了蹤影。兩人從驚訝中回過神來，想起老人所說的話不覺憂心忡忡，又想起自己辛苦了那麼多年，好不容易賺了錢要回來享福了，卻只剩下三天好活，心中更加沮喪。

兩人各自回家後，其中一個從此不吃不喝，每天都愁眉不展，細數他的財產，心想：「怎麼辦？只剩三天可活！」

他就這樣鎮日垂頭喪氣，面如死灰，什麼事也不做，心裡只記得那個老人要來敲銅鑼這件事。

他一直等，等到第三天的黃昏，整個人已如洩了氣的皮球。終於，那個老人來了，拿著銅鑼站在他的門外，「鏘」的敲了一聲。一聽到鑼聲，他就立刻倒下去，死了。為什麼呢？因為，他一直在等這一聲，等到了，也就死了！

另外一個則心想：「太可惜了，賺了那麼多錢，只剩下三天可活，我自小就離家，從沒為家鄉做過什麼，我應該把這些錢拿出來，分給家鄉所有苦難和需要幫助的人。」

於是，他把所有的錢都分給了窮苦的人，又計劃舖路和造橋，光是處理這些就讓他忙得不得了，哪還記得三天以後的銅鑼聲。

好不容易到了第三天，才把所有的財產都散光了，村民們非常感謝他，於是就請了銅鼓陣、歌仔戲、布袋戲到他家門口來慶祝，場面非常熱鬧，舞龍舞獅，又放鞭炮，又放煙火。

到了第三天黃昏，老人依約出現，在他家門外敲銅鑼。老人敲了好幾聲銅鑼，可是大夥全都沒聽到，老人知道再怎麼敲也沒用，只好走了。

這個有錢人過了好多天才想起老人要來敲鑼的事，心裡還一直納悶：「怎麼老人失約了？」

其實，生事和死事，都是美好的事，如果生得有意義，死又有何懼？能夠在生的時候傾盡全力實現夢想，死亡就不等於生命的結束，因為我們已在人間留下了美麗的軌跡，從此活在別人心裡。

　　托爾斯泰曾說：「人的生存有兩種不同的狀態：第一種是生活中從未想到死亡，第二種是生活中時刻都想到自己正邁向死亡。」

　　托爾斯泰告訴我們，人愈是能夠把生命從物質轉化到精神的領域，對死亡的恐懼便愈輕。

　　過著真正精神生活的人，無須恐懼死亡。

　　當懷疑自己該做些什麼時，只需設想自己可能今天就會死，所有的懷疑便會消失，然後便能楚地看到良心的忠告，以及個人真正的願望。

　　整天渾渾噩噩，荒唐度日，不思進步，雖生猶死；秉持積極創造的信念，努力活出精彩，則雖死猶生。

　　我們的抉擇，只在一念之間，轉機也在一念之間。

多一分耐性，少一分紛爭

遇上問題的時候，別急著生氣，先試圖控制自己的怒氣，想清楚前因後果，才能夠據理力爭。

　　有句話說：「守得雲開見月明。」意思就是天上的明月雖然被烏雲遮擋，但總會有消散的一日，能耐心等待的人，必能有緣窺見美麗的月光。

　　哈佛大學醫學博士，曾經寫過《心靈地圖》一書的派克醫師說過一句話：「沒有耐心做後盾，生活就不具有任何意義。」

　　他主張，人應該過有耐心的生活，漫無節制絕不會比有耐心來得更深刻，甚至會讓人一事無成。

　　但是，忍耐與等待都是辛苦的，心之所欲不能得，更是讓人難受，只不過，焦急躁進並不一定就能夠獲得想要的，反倒是等待之後所得到的果實，可能讓人分外覺得甘甜。

　　就好像煲一鍋湯，如果不能慢慢地，一次又一次不厭其煩地攪拌，靜靜等待每一項食材在湯中釋放出所有的香甜甘美，又怎麼會有一鍋好湯可喝？花點時間耐心等待，可能是值得的。

　　有些時候，怒氣一觸即發，假使雙方都不願忍耐退讓，怒氣宣洩的結果可能炸得兩敗俱傷，傷人也傷己。

　　但是，玉石俱焚的結局真的是我們樂於見到的嗎？如果每個人都沒有辦法體會與學習「忍耐」的功夫，那麼人與人之間的關係必定是一團混亂。

　　還記得白羊黑羊的故事嗎？互不相讓的兩隻羊，在橋上你推我擠，誰也不肯讓誰先過橋，最後全都掉到水裡，誰也過不了橋，這又何必呢？

　　德國最偉大的思想家、劇作家歌德，面對同樣的問題，他的做法發揮了高度忍讓的精神，過人的風度值得我們學習。

　　有一天，歌德來到魏瑪公園散步，魏瑪公園裡有一處僅容一人行走的小徑，是它的一大特色。

　　歌德行經這條小徑時，想不到迎面來了一個人。那個人正是前不久才將歌德的所有作品批評得無一是處的評論家。

　　兩人面對面站住了，只見那批評家站得挺直，態度傲慢地說：「對於一個傻子，我絕不讓路。」

　　但歌德卻不怒反笑，說道：「我的做法恰好相反。」

　　說完，歌德隨即臉帶微笑地站到旁邊。

　　爭一時之氣，不一定能夠讓我們得到什麼，適度的忍耐才能冷靜處理各項生活上的問題。

　　我們每個人都有許多缺點，相處的時候，你退一步，我讓一步，相互容忍對方，關係自然和諧，如果誰也不讓誰，不斷揭對方瘡疤，硬碰硬的結果，恐怕只會讓彼此更加傷痕累累吧。

　　耐心是解決種種紛爭、不和的最佳良藥。正因為我們對彼此的忍耐，所以造就了社會的祥和。

　　耐心，是可以培養的。遇上問題的時候，別急著生氣，先試

圖控制自己的怒氣，想清楚前因後果，才能夠據理力爭。偶爾，試著站在對方的立場上想想，試著同理對方的感受，或許「忍耐」做起來就沒有那麼困難了。

　　對人多一分耐性，對人多一分慈悲，對事多一分容忍，社會自然就減少了許多無謂的紛爭與不和。

開懷大笑，抗憂減壓過生活

真正爬上金字塔頂端的人，往往是情緒管
理與工作EQ一流，能夠不斷地自我調適，
永遠談笑風生，冷靜自若。

　　現代人生活壓力太大，神經緊繃得過度，思緒狹隘過了頭，
於是心理上的毛病一大堆。根據調查，保持心情愉快是長壽的秘
訣之一，古希臘哲學家畢達哥拉斯就曾提倡每天唱歌、彈琴來消
除憂傷和憤怒情緒。

　　可是，沮喪和憂鬱這些低潮，就像影子一樣始終存在，只要
背對著光亮的時候就會出現，我們除了正面迎擊之外，光是逃避
是沒有用的。所以，不妨把低潮的情緒視為一種試煉，然後尋找
積極的方法，打起精神從憂鬱中跳脫出來，自然就能脫離情緒低
落的困境。

　　俗話說：「一笑解千愁」。笑，是對抗憂鬱的一帖良藥，嘴
巴笑開了，心也會跟著開闊許多。

　　傳說中國古時候有位御史，由於長期憂國憂民而罹患一種精
神憂鬱症，看了許多醫生，都未能見效。

　　有一次，他奉旨下鄉訪察民間疾苦，走到半途忽然發了病，
地方官員得知後，隨即推薦一位當地有名的老醫生為他治病。

醫生帶著藥箱前來，慢條斯理診脈之後，搖頭晃腦地說：「嗯，大人您患了月經失調症。」

御史一聽，頓時大笑，認為這個醫生老糊塗了。以後，他每想起這件事，就要大笑一陣，過了不久，他的病竟然自己好了。

過了幾年，御史又經過該地，想起那次診斷之事，特意前去找那位老醫生，想取笑一番，老醫生笑著說：「其實，大人您患的是精神憂鬱症，沒什麼良藥可治，只有心情愉快，才能恢復健康，所以我故意說您患了『月經失調症』，讓您常常發笑，看看對病情有沒有什麼幫助。」

有事沒事多笑笑，只有好處，沒有壞處。

放寬心情，我們將會發現很多問題其實沒有想像中的嚴重。過度鑽牛角尖，只會讓自己的路愈走愈窄，最後寸步難行，生活如何能不被陰影籠罩呢？

要是戴著黑眼鏡過日子，什麼事都灰灰暗暗的，心情當然振奮不起來。

故事中的那位老醫生，高明之處就在於他看出了御史病情的癥結所在；當御史因開懷大笑而將愁緒沖淡，入眼的事物也變得圓滿，憂鬱症自然不藥而癒。

漫漫人生之中，職場生涯可說是一個人壓力的主要來源之一，面對工作上的種種挑戰和人際之間的紛擾糾葛，如果不能適度地自我調適，很容易就會陷入情緒低落的迷宮之中，無法自拔。做事提不起勁，想得到什麼成就，可以說如同緣木求魚。

一般來說，在職場上用IQ做事的人往往比用EQ來得多，但真正爬上金字塔頂端的人，往往是情緒管理與工作EQ一流，能夠不

斷地自我調適,即使壓力再大,永遠是談笑風生,冷靜自若。

　　學習去接受環境不可能盡如人意的事實,控制自己的情緒,進而管理他人的情緒;多微笑、常忍耐,一離開工作環境,就暫時先將工作上的所有事物拋開,聽聽音樂、悠閒散步、睡個好覺、看部電影,然後大聲狂笑或放聲大哭⋯⋯,適度將整個心放空,壓力也就會漸漸隨風飄散。

　　壓力不在心中淤積,憂鬱自然不上門,生活也就會變得快樂光明多了。

看輕金錢和名聲

> 如果我們不能嘗試學習「看淡」、「謙遜」，就容易陷入名利的陷阱，猶如夸父追日般，只擁有疲累與無盡的挫折。

太出鋒頭，有時候並不見得是件好事，在日本就有句俗諺說：「把出頭的椿子敲進去。」

意思是說，過於鶴立雞群，雖然顯眼，卻也常是被攻擊的目標，因為看不得你好的人，真的會有一大堆，光是謠言攻訐、扯後腿等等事件，可能就會讓你防不勝防、煩不勝煩。

這樣說來，謙遜，並不是一種矯情的表現，而會是一種保全的修為。

隨著物質文明進步，競爭日益加劇，許多現代人喜歡把金錢名利與幸福等同起來，認為所謂的幸福，就是意味著自己有了許多金錢和能夠出人頭地。

「拜金」、「慕名」幾乎已成了現代人的通病，根據心理學家的調查，由於現代人對名利的期許過高，一旦自己沒有辦法達到預想的目標，便容易否定自己，陷入憂鬱的境地；而看到別人爬上高峰，心中的妒恨就會源源不絕地出現，被這樣的念頭折磨的結果，很容易出現脫軌的行為舉動。

法國修女小德蘭說：「如果小花都要做玫瑰，那麼大自然就會失去它春天的璀璨外衣，不復有小花在鄉野點綴成一幅圖案了。」

翻遍了人類史冊，像愛因斯坦這樣「平地一聲雷」享名於世界的人，確實是一件不可思議的事情。最值得驚異的是，以一個「數學教授」的地位，竟能如此「走紅」，成為全球報章刊物的重要資料；以「科學家」身分，竟能如此名聞遐邇！

更令人驚奇的是，愛因斯坦的名字雖然早已「紅得發紫」，可他自己竟然「還不知道」，直到後來他突然「發覺」了，在答覆新聞記者詢問時，他還說他「成名」得連他自己都「莫名其妙」。

這樣一名「世界紅人」，除了科學之外，竟然沒有一件事物可使他過分「喜愛」，而且他也不過分「討厭」哪一件事物。

大多數人所汲汲追求的名聲、富貴或奢華，他都看得非常輕淡，這樣的愛因斯坦也因此留下了無數佳話。

據說有一次，某艘船的船長為了優待愛因斯坦，特地讓出全船最精美的房間等候他，誰想到竟被他嚴辭拒絕了。

他表示自己與他人無異，所以絕不願意接受這種特別優待；這種虛懷若谷、執著而又坦然率真的人生態度，難怪一直都是許多人敬佩的對象。

聖嚴法師曾經這麼說過：「如果現代人能用『一粥一飯』的態度過日子，必然會覺得格外充實，而且在充實之中會有淡泊、寧靜、輕鬆、自在，彷彿無事一般的心境。因此，所謂『做一個粥飯僧』有兩層意義，一種是只知吃飯吃粥的懶和尚；一種是淡

泊名利、沒有人我計較，非常精進的生活態度。」

　　如果我們不能嘗試學習「看淡」、「謙遜」，我們就容易陷入名利的陷阱，猶如夸父追日般，看著光芒四射的朝陽，卻永遠追尋不到，只擁有疲累與無盡的挫折，何苦呢？

　　如果我們慢了下來，我們也將能發現，陽光仍舊會照耀在我們身上，因為名利或許不等同於成功，但名利卻總是會伴隨成功而來。

打破心裡的「冰點」

凍結了積極的生活態度，便會消減我們對
生命的熱情，人生的腳步如何能向前跨
越，又如何看見豁然開朗的前景呢？

有句話這麼說：「哀莫大於心死」，告訴我們人生最大的悲
哀，就是心死，一旦死了心也就失去了求生的念頭。

生命之中一定會遭逢許多困境，如果我們被這些困境擊敗，
無法維持我們能夠戰勝的堅強信念，而讓悲觀的想法領著我們前
進，那我們最後一定會走上那條唯一死路。

或許，你從來沒想過「感覺」也能奪走一條生命，但有位心
理學家卻觀察到了一個真實案例。

賽利曼博士是名美國心理學家，曾經找來一萬多位自願者進
行心理實驗，根據他的研究結果顯示，心態悲觀的人，往往會由
心理影響生理，真的生出病來，更嚴重的還有可能導致死亡。

他在研究的過程中，調查到一個案例令他相當吃驚，後來他
也經常以這個例子勸人多多以正向思考的心理態度生活。

尼克是一名鐵路公司的調車員，平日工作認真，做事也負責，
但就是人生觀過於灰暗，悲觀心態相當嚴重，凡事皆以負面角度
來思考。說得簡單一點，就是他的日子過得不快樂。

　　有一天，所有的鐵路員工都趕著去參加老闆的生日派對，紛紛提早下班回家換裝，沒想到尼克竟然意外地被粗心大意的同事鎖在一個冰櫃裡。

　　不管他在冰櫃裡如何地敲打呼叫，都沒人聽到，他敲得手掌紅腫，叫得喉嚨沙啞，都沒有任何人來理睬，到最後他氣力用盡了，只能喘著氣頹然地癱坐在地上。

　　他害怕地想著，冰櫃裡的溫度只有華氏三十二度，如果再下去，一定會被凍死。想到最後，他不只覺得存活無望，更開始動手寫下遺書。

　　第二天，同事們來上班，赫然在冰櫃裡發現了身體僵直的尼克，連忙送醫急救，竟已回天乏術。

　　這樣的結果令大家都感到十分驚訝，因為那只冰櫃早就壞掉了，冷凍開關根本沒有啟動，也就是說冰櫃裡一持是保持在華氏三十二度，更何況那麼大一個冰櫃裡頭的空氣也綽綽有餘，照理尼克的處境不應致死。

　　但是，尼克確實死了，被自己心中的冰點給「凍」死了。因為，他早已給自己判了死刑。

　　所謂「山窮水盡疑無路，柳暗花明又一村」，困境總是會出現在人生的道路上，阻去我們的去向，但是，生命之中沒有越不過的困境，只要堅持自己的意志，必定能夠柳暗花明，抵達目標所在之處。

　　然而，消極與悲觀的心態，就像一大片烏雲，遮去你我心頭的陽光，讓我們看不清前方的道路、看不到目標，更別說隱藏樹叢之後的綺麗風光了。

　　負面的情緒與思緒如果在我們的心裡不斷儲存，凍結了積極的生活態度，便會消減了我們對生命的熱情，人生的腳步又如何能向前跨越，又如何看見豁然開朗的前景呢？

　　遇到問題與困難，可以認命等死，也可以死裡逃生，端看自己的選擇，以及自己是否曾經爲改變命運而付出一切。不要輕易放棄，讓我們的生命激發出璀燦之光，迎向光明，黑暗就會遁形，消失得無影無蹤。

PART 6

可以堅持，
但是不要固執

凡事可以認真但不要頑固，

可以有所堅持但不要故步自封，

人生就能夠因認真而美麗，

又不會因偏執而呆板了。

拒絕壞情緒，迎接好心情

試著學習微笑，讓臉部肌肉記住歡笑時的
模樣，然後會發現牽動臉部肌肉一點都不
困難，而臉上的笑終會連結到心底。

戴維斯曾經說：「任何感情用事的人，都無法做出正確判斷，
除非他的思緒不受情緒的影響。」

其實，想要做出正判斷除了自己的思緒不能受到情緒的影響，
更重要的是必須懂得改變自己面對問題的思緒。

因為，只要能換個角度去看問題，換一種思緒去思考問題，
通常就可以改變自己面對問題的情緒。

壞情緒是一種很可怕的疾病，有人可能只因為一早起來做早
餐時煎壞了一個蛋，就開始覺得一整天都不順遂，處處有人找碴，
用什麼東西都不順手，不只心情不愉快，連全身上下都感到不舒
服。

這種疾病可怕到找不出病因，有人還穿鑿附會說，可能是下
床的時候踏錯腳步，所以什麼事都不對了。

其實，這種病倒是有個神奇的治療方法，名為「停止自悲自
憐」，也就是改變思緒，把所有負面的想法一次從腦海中清除，
努力以正面角度看待問題，即使剛開始只是假裝快樂也無妨。

例如，當妳今天特別早起半個鐘頭打扮，卻發現頭髮翹得亂七八糟，怎麼吹都吹不順，整個心情都煩躁起來。這個時候，妳應該停止再梳整頭髮，沾點水、沾點髮膠，把頭髮抓攏起來，然後束上髮帶，紮個漂亮的馬尾，看起來青春又可愛。

瞧！這不就是個正面的想法！

打開冰箱，本來想拿瓶鮮奶當早餐，卻發現每一瓶都剛好過期。小心，別讓那個「衰」字脫口而出，試著想想，今天晚上不如泡個牛奶浴慰勞一下自己，反正難得「奢侈」嘛！

就算到最後仍發現諸事不順，倒頭就睡也未嘗不是一個解決辦法，有什麼天大的事都等明天再說，說不定明天下床時踏對了腳，就什麼事都沒了。

就這樣，把負面情緒徹底排除，把念頭轉向正面，心情就會慢慢變好，看事情的眼光也會不一樣，而心情好了，很多事情都能迎刃而解。可以的話，用笑聲代替哭聲，也能將快樂的能量漸漸吸引過來。

哲學家斯賓諾莎曾經寫道：「一個人被情緒支配，行為便沒有自主之權，進而讓自己被命運宰割。」

的確，在面對難以解決的問題，非但不能受到仇恨、憤怒或嫉妒的情緒影響，反而必須學會用自己的思緒去控制這些只會敗事的負面情緒。

很多時候，我們的沮喪和憂愁真是自己找來的，連自己也搞不清楚當時為什麼想不開，事後回想起來，那些愁悶說不定都變成笑話。

停止為當下的狀況自憐自艾，冷靜下來之後，情緒就不會再

蒙蔽雙眼，也不會再死命地鑽牛角尖。

　　如果，你真的覺得自己快樂不起來，也許可以試著練習幽默、學習微笑或大笑，讓臉部肌肉記住歡笑時的模樣，然後，你會發現牽動臉部肌肉一點都不困難，而臉上的笑終究會連結到心底。

　　開心過生活，是一個人應該送給自己的禮物，偶爾拿掉故作正經的面具，你將會發現，每一天其實也可以輕輕鬆鬆、快快樂樂地過。

把誇大當笑話，輕鬆看清真相

冷靜下來，給對方一點解釋的時間與空間，再從對話中找尋對自己有利的論點予以反擊，是不是更能夠達到有效的溝通呢？

是否害怕靠近推銷員？或許怕他們死纏爛打，或許討厭他們老愛亂說得天花亂墜，總是覺得他們為求售出商品不顧一切，戴著一張笑臉和三寸不爛之舌騙死人不償命？

只要吃過幾次虧，花錢買了不實商品，或是被迫購買過多或一點也不需要的產品等等，大概就會對推銷員避之唯恐不及了。

看看下面幾個例子，就可以看出厲害的推銷員到底有些什麼本事，又為什麼會讓推銷員的整體形象受到如此傷害。

有一個顧客來到百貨公司打算購買鬧鐘，看了琳瑯滿目的商品後忍不住詢問店員：「麻煩你，因為我本來的舊鬧鐘老是害我遲到，請問你們這裡有什麼好鬧鐘嗎？」

店員聽了，立刻露出滿臉笑容，說：「先生，您真是來得太巧了，我們正好剛剛進了一批多功能鬧鐘，絕對符合您的需求。」

顧客聽了不置可否，問道：「是嗎，有些什麼功能？」

店員立刻回答：「這可厲害了，這款新鬧鐘不但會準時響鈴叫您起床，如果鈴聲響完您還沒有起床的意思，它便會發出救護

車的聲音警告您。假如您還是不起床，就會響起連續槍響，若是還沒用，它將會您的頭上澆下冷水。假設這樣還沒有辦法把您叫起床的話，那表示您可能是生病了，而且病重得無法起床，如果這樣的話，本鬧鐘還有一項貼心設計，就是幫您打電話到公司向老闆請假。」

還有一位賣牛奶的推銷員，吹牛功夫更不得了，當顧客問他：「你這牛奶新鮮嗎？」他二話不說就回答：「豈止新鮮而已？不瞞您說，我這牛奶在一小時之前還是牧草呢！」

他們說的話是不是誇張過頭了？這樣的說法顧客聽了真的會相信嗎？有些時候，顧客倒也會因為推銷員如此誇張，說得風趣幽默，因而停下來多看產品幾眼，買不買倒是其次，至少推銷員成功引起顧客的注意。

對推銷員來說，如果產品的品質不是自己所能掌握的，便得絞盡腦汁思索，才能恰當地突顯出產品的優點，順便遮掩產品的缺點。

最慘的是，萬一產品奇爛無比，推銷員卻靠著高明的技巧成功賣出，但是顧客使用出了問題，拿著商品回來理論時，還非得有幾套應對方法不可，否則就吃不完兜著走了。

有這麼一個例子，有個顧客怒氣沖沖地來到專櫃上對著售貨員抗議：「搞什麼，為什麼我用了你們賣的生髮水以後，不但沒有長出頭髮，反而原本的頭髮也掉光了，你們給我解釋清楚！」

售貨員面對火冒三丈的顧客並不驚慌，反而打趣地說：「是啊，先生，您知道的，想要長新頭髮的話，總是要先挪點位置出來才好長嘛！」

聽了以上售貨員的話，如果你是顧客，會有什麼樣的反應呢？是會氣到岔了氣，說不出話來？還是會忍不住笑出來？

有個朋友說：「講不過別人的時候，有個絕招叫做轉移焦點。比方教官在罵人時，如果說不過學生，就會立刻大吼：『你那是什麼態度！』」正當性不足的時候，只要把焦點轉移，原本罵人的理由就被轉移了。

回到生髮水的例子，如果顧客聽完劈頭就罵：「你那什麼態度，給我叫經理出來！」但這麼一來，顧客想要解決的究竟是產品本身的問題，還是店員態度的問題？

當顧客感到權益受損害的時候，自然不太可能高興，但是一個人若連聽一句笑話的氣度都沒有，未免也太難相處了。

再說，萬一店家因為你的態度過於惡劣也跟著火大三丈，結果冷吵、熱吵外加全武行，最後到底吃虧的人會是誰呢？

改變思緒，就能改變自己的情緒；若是能夠冷靜下來，給對方一點解釋的時間與空間，再從對話中找尋對自己有利的論點予以反擊，是不是更能夠達到有效的溝通呢？

所以，推銷員並不可怕，只要你能夠不被他們的話語牽著走，將他們誇張的介紹視為幽默的表現，就能夠讓自己冷靜下來，有時間進一步思考產品本身的內容以及自己的真正需求。

談判溝通，先抓準對手脾性

在溝通之前，不能不先將對方的底細摸個清
楚。見人說人話，依據每個不同狀況做出正
確判斷，才能立於不敗之地。

　　人生活在複雜多變的社會，很難事事都如己意，因此我們生活的週遭充斥著消極的思緒和負面的情緒。

　　抱怨、指責或批評，有時是對現狀不滿又無能為力的消極情緒發洩，這種「情緒炸彈」如果任意投擲，經常演變成傷人傷己的下場。

　　相反的，有一種人最不會吵架，他們總是奢望對方自己產生愧疚感，主動認錯，因而說話故意說一半，老是不說重點。

　　然而，「燈不點不亮，話不說不明」，有時候話說得太含蓄，碰到死皮賴臉或臉皮超厚的人，對方可就會裝傻到底，讓你氣到吐血他也不痛不癢。

　　有個孩子名叫湯姆，才剛十七歲就長得和父親一樣高大。為了證明自己已經長大，每次他和朋友相約外出的時候，就會偷偷借穿父親的衣服。

　　他的父親當然很快就發現自己的衣服被人偷穿了，也很快發現罪魁禍首就是自己的兒子。

　　湯姆的父親心想，一定要好好教訓一下兒子這種不尊重別人的做法。

　　有一天，湯姆又偷偷穿了父親的衣服準備外出，父親就坐在客廳裡，一看見他就先吼道：「湯姆，你繫的領帶是我的吧！」

　　湯姆倒也不多說廢話，回答：「是啊，爸爸。」

　　父親又問：「襯衫也是我的吧！」

　　兒子再答：「沒錯，爸爸。」

　　湯姆的父親氣得怒不可遏，大叫：「你竟然還繫著我的真皮皮帶！」

　　湯姆慢條斯理地回答說：「是的，爸爸，您不會希望您的褲子掉下來，對吧！」說完聳了聳肩，開心地出門去了。

　　沒錯，湯姆的父親很生氣；沒錯，湯姆的父親有權生氣；沒錯，湯姆不應該未經父親同意就偷穿父親的衣服。但是，最後的戰局結果，獲勝的是湯姆，而他的父親則氣到慘敗吐血。

　　湯姆父親的意圖很清楚，目的和做法也很直接，敗就敗在他說的話沒有重點，讓湯姆得以避重就輕地迴避問題。

　　如果湯姆父親直接質問湯姆為什麼未經同意偷穿他的衣服，湯姆就得為了該回答什麼樣的理由而傷腦筋。

　　但是，父親卻使用假設語氣，試圖利用反問法，逼湯姆認錯，結果被湯姆將計就計，全部以肯定句回答，結果問題雖然得到答案，卻沒有獲得解決。

　　在溝通或談判之前，不能不先將對方的底細摸個清楚，如此才能對症下藥，達到溝通談判的目的。

　　真人面前不說假話，郎中攤前不盡信全言，見人說人話、見

鬼說鬼話，依據每個不同狀況做出正確判斷，如此才能立於不敗之地。

　　故事中，湯姆明知父親正處於生氣的狀態，卻絲毫不顯退縮，反而用隔岸觀火的態度，從容地將父親刺激到怒極之處，卻令對方完全沒有恰當的發言時機，在這一回合的交手中，可說是徹底佔了上風。

　　話人人會說，但要怎麼說得好、說得輕鬆，並達到事半功倍的功效，就看個人的機智和本事了。

善用機智才能打入人心

好口才也要有好機智來配合，才能相得益彰。特別是有意討好的時候，更要做到若有似無、略帶風雅才能成功收得效果。

　　有人說女孩子都喜歡聽甜言蜜語，這句話應該修正為：想要討好女人，你可以使用甜言蜜語，但絕不能賣弄輕佻。

　　意思就是說，一定要善用機智，將甜言蜜語說得輕描淡寫不著痕跡，卻又能絲絲入扣，讓女人甜入心底，討好話才算發揮了真正的用處。

　　否則，有些女孩相當聰慧，一下子聽出了阿諛的成分，你的用意也就大打了折扣。萬一馬屁沒拍成卻拍到了馬腿，可就得不償失了。

　　十七世紀一位法國女作家安妮・斯塔爾夫人是一位聰明至極的女性，靠著能言善道的好口才，致力於女性社會運動，在當時頗有名氣。

　　有一次她參加一場某位政治家舉辦的晚宴，剛好與以美貌聞名的雷卡米爾夫人被安排在一位紈褲子弟兩旁。

　　這名年輕人初出社交圈不久，被主人如此安排座位感到得意非凡，為了想要表示一下自己的文采，興奮地對人說：「我可是

正處在智慧與美貌之間呢！」

斯塔爾夫人聽了，非但不領這個情，還斜著眼輕哼說道：「沒錯，可惜你兩樣都沾不上邊。」

這話一語雙關，讓那名年輕人登時閉嘴、收斂羽毛，不敢再張揚。

說一個美、一個聰明，看起來像是兩全周到，可是卻也能被解讀成一個不美一個不聰明，這個馬屁就出了岔子了。

另一位劇作家要機智得多，他寫了一個新劇本，為求能順利演出，所以前去向一位年近半百的富孀請求資助。

他的能言善道說動了富孀，劇團順利運作，排演的時候還特地邀請富孀前來參觀。

言談之間，他不小心提到了年紀問題，這可碰到了富孀的禁忌，她立刻板起臉說：「你問這做什麼？」

劇作家反應奇快，立刻說明：「夫人，我只是想知道，一個女人風韻最佳的時刻究竟是多大年紀？」

富孀聽了，雖然仍舊討厭年紀的話題，倒也不再多說什麼，反而有點忍俊不住地笑了出來。

好話人人會聽，卻不一定人人受用，有些人就是討厭被拍馬屁的感覺，認為拍馬屁是言過其實，講的是一套，想的又是另一回事，反而像是在挖苦和嘲諷。

有時候諷刺的話語也會包裹在奉承的糖衣之中，一旦糖衣破了洞，滿嘴苦澀讓人想吐也吐不出來。

以毒舌聞名的蕭伯納最擅長此道。有一次，一位徐娘半老的貴婦刻意打扮年輕，故意問：「蕭伯納先生，您看我有多大年紀？」

蕭伯納冷靜接招，一本正經地說：「看您晶瑩潔白的牙齒，

像十八歲；看您蓬鬆的捲髮，像十九歲；看您扭捏的腰肢，頂多十四歲！」

這話讓貴婦聽得可開心了，嬌聲問：「那您能否準確猜出我的年齡？」

蕭伯納依舊慢條斯理地回答說：「請把我剛才說的數字全加起來吧！」

這名貴婦人聽了臉色青一陣白一陣，這下不認老也不行了。

每一句話都可以有千百種的解讀和詮譯，全看你如何配合天時地利加以運用。時機恰當，效果銳不可當；時機不當，再好聽的話也很難動聽，反而會破壞了氣氛。

由此可見，好口才也要有好機智來配合才能相得益彰，唯有運用機智斟酌的使用時機和說話方式，才能使好口才發揮至極限。

特別是有意討好的時候，更要做到若有似無、不著痕跡，略帶風雅才能將馬屁藝術發揮到極致，也更能成功收得效果。

想拒絕，先下手為難

每一句話都可能被抓到語病，每一個想法都可能遭受反諷，找出令對方啞口無言的策略，是言語攻防成功的必要條件。

當你想要拒絕的時候，該怎麼辦？

當你想要拒絕的對象對你有絕對的權威時，該怎麼辦？

當你想拒絕的事情是你很難拒絕的時候，又該怎麼辦？

很簡單，只要為難對方就行了。

有一個人到軍隊報名，來到徵兵辦事處時，當職的軍官問他：「你希望到哪個兵種服務呢？」

他回答：「我想到軍艦上服務。」

軍官接著說：「那好吧，你就到潛水艇的單位，如何？」

想不到他立刻反對，說：「先生，那可不行。」

軍官問：「為什麼不行？」

他認真地看著軍官說：「因為我平時有個習慣，睡覺的時候一定要開窗，不然會睡不著。」

一個工程承包商，為了讓工程能夠順利進行，打算以一輛價值不菲的豪華轎車向一名議員行賄。

當他向議員表明來意之後，想不到這位議員竟然臉色一變，

說道：「很抱歉，基於法理以及我個人的名譽，我是不會接受這樣的禮物。」

承包商聽了，立刻再進言說：「閣下，我當然明白您的為人和身分，那麼這樣吧，就當我以十塊錢美金把這輛車賣給你如何？」

議員聽完之後，考慮了片刻，斷然對承包商說：「既然車子如此便宜，那我買兩輛好了。」

新兵與議員都成功地為難了對方。從對方的言談之中，找出矛盾之處，以子之矛攻子之盾，將難題丟回對方手上，讓對方想解決的方法，逼得對方想不出方法只得主動放棄或妥協。

只是，這一招也不是每一次都能夠奏效，因為萬一對方解題功力比你高明許多，那麼你將反而成為被為難的對象。

一個徵兵處的體能檢測站裡，就有一位年輕人因為害怕當兵，於是在身體檢查的時候，故意假裝虛弱，向負責檢查的老醫生說自己的身體奇差無比，而且飽受病痛所苦，既不能吃喝，也無法睡覺。

老醫生聽了，立刻親切地握著他的手說：「這真是太好了，現在軍隊裡兵糧正短缺，一切補給都遲遲未到，正需要像你這樣的年輕小伙子呢！」

還有兩個傢伙在體檢時強調自己是近視眼和重聽，所以不能當兵，然而，老醫生還是老神在在地對這兩位說：「放心，你近視的話，我們就派你到最前線，好讓你能清楚看見敵軍的身影。至於重聽這件事嘛，別擔心，孩子，砲彈發射的聲音真的響得不得了，所以你一定可以聽得見。」

一句話就把幾個人的逃避行動阻礙了，果然薑還是老的辣。

　　有效的溝通和談判，不能只是依樣畫葫蘆，套用制式的內容應答，要能因時制宜、因人而異，視情況、視地點、看對象轉變說法，如此才能找出最恰當的決策與方法。

　　每一句話都可能被抓到語病，每一個想法都可能遭受考驗和反諷，冷靜以對，找出令對方啞口無言的策略，抑或是暗中推對方落入我們預先設下的陷阱，是在言語攻防戰上獲得成功的必要條件。

當不成萬能父親，就做有肚量的老爸

不是個萬能的爸爸又如何？回答不出孩子
的反詰，何不一笑置之？有雅量包容孩子
的父親，更能使孩子信服。

《封神演義》裡，托塔天王李靖有個令他頭痛的孩子哪吒。

聰明的孩子照理說該是父母親的驕傲，但偏偏哪吒到處闖禍，惹得各路神明都前來抱怨、討公道。

孩子一身反骨，當父親的就算想護兒也不知該從何護起，最後落得哪吒當眾挖肉還母、割骨還父，極為壯烈的收場。

父子關係是一段潛意識的競爭，在父權的時代裡，父親得以用威權合理壓制孩子，父親說的話孩子們只能唯唯諾諾，有時候即使是父親的不是，也得忍耐直到成年。

在現今父母威權鬆動的時代，教養的觀點改為鼓勵孩子積極主動，發展自我。天真的童言童語有時候意外的伶牙俐齒，聽在成人耳裡總不免覺得刺耳又令人不知所措，成人的尊嚴簡直是受到無窮的考驗。

這天，亞瑟挨了父親一頓打罵，打完了，父親問：「亞瑟，你知道我為什麼要處罰你嗎？」

亞瑟一邊掉眼淚，一邊抽噎著說：「不知道啊，爸爸，為什

麼？」

父親耐著性子說：「因為你竟然打比你小的孩子。」

亞瑟還是哭著問：「可是……可是我也比你小呀，為什麼你打我？」

亞瑟的問題直接命中語意中的矛盾處，身為父親應該如何反應才好？

有一個小孩和父親一邊散步一邊聊天，突然問父親：「爸爸知道的一定比孩子多對不對？」

父親回答：「是啊。」

孩子接著說：「那我問你哦，誰發明了蒸氣機呢？」

父親毫不猶豫地回答：「是詹姆士‧瓦特。」

孩子得到答案很高興，可是過了不久又問：「爸爸，既然爸爸知道的比孩子多，為什麼詹姆士‧瓦特的爸爸沒有發明蒸氣機呢？」

父親這次回答不出來，只能啞然以對。

帽子店老闆的兒子更難應付了。當老闆收到兒子的成績單，發現兒子每一門功課都不及格的時候，氣得把兒子叫到跟前，罵道：「如果每個人都像你這樣懶得動腦筋，腦袋這個玩意長來做什麼用？」

想不到，反應敏捷的兒子立刻頂了回去說：「如果每個人都不長腦袋，那你的帽子要賣給誰？」

請問，如果你是父親，該如何是好？

當小孩出言不遜的時候，大人總會以命令的語氣大罵，要孩子學習多聽少說、謹言慎行。

　　然而，有時候小孩子說的話不一定全是錯誤，單純而直接地命中事實時，往往令人更加難以招架。

　　就像前面的故事裡，有些父親遇到了類似的狀況，被逼急了，一旦被怒氣蒙蔽了神智，可能會狠狠把兒子揍上一頓，然後丟下一句：「你是老子，還我是老子？」

　　但是這並不是正確的教育方式，孩子不能真正心服口服。

　　就有這麼一個例子，有個小孩因為調皮，被父親狠狠地教訓了一頓。兒子咬緊牙根忍耐身上疼痛，就是不願意向父親求饒。

　　父親處罰的手未歇，孩子幾乎快忍受不了，最後，只見他咬牙切齒地對父親大叫：「你打吧，狠狠地打吧，最好把我打死，否則我將來一定打你的孫子報仇！」

　　父親聽了兒子的威脅，更是氣到火冒三丈，不但手上的力勁加重，而且還多打了好幾下。

　　父親之所以會如此生氣，追根究柢，是因為自尊受到傷害，顏面掛不住，因而惱羞成怒。

　　可是如此一來，孩子的行為不見得能真的獲得改善，反而更加速父子關係破裂，孩子不會醒悟是因為自己的行為錯誤而受到處罰，反而會誤解為父親恨他才會打他。

　　每個父母都希望自己的孩子天資聰穎，能夠成龍成鳳。但是真的生出了天才兒童，為人父母者反而是最需要先行調適的人。

　　沒有人喜歡被人比下去，技不如人的挫折感並不好受，當這個「不如」的對象是自己的小孩時，如果沒有足夠的雅量，就容易藉由氣力和權威來反擊，最後，受傷的必定是孩子，成人的威信也無法真正建立。

　　畢竟，暴力下的屈服，絕不是永遠的屈服。

　　小時候，爸爸像座山，什麼都難不倒，這是小孩自出生以來

的感受。但是隨著年齡增長、眼界開闊，父親漸漸不再是萬能的了，有時候還會出很多狀況，做出錯誤的決定。

這個事實，對孩子來說是震撼、驚愕的，而父親心裡絕不只有挫折感，恐怕還有更多難堪的成分。

每個人都有每個人的特質和專長，沒有人是完美的，就算不是個萬能的爸爸又如何？回答不出來孩子的反詰，何不一笑置之？有雅量包容孩子的父親更令人尊重，也更能使孩子信服。

勇敢接受挑戰，輕鬆面對失敗

「屢戰屢敗」指出的是現實，「屢敗屢戰」強調的是心態，擁有後者的心態，就有可能改變前者的現實。

生命中處處是挑戰，也處處是良機，如果不能以正面的思緒勇敢接受挑戰、面對考驗，便容易錯失良機。

若能保有對自己的信心，面臨考驗時能從容不迫地應對，再艱困的難題也會有簡單解法的辦法。

有一個學生參加一場哲學考試，試題中寫道：「如果這是問題，請回答。」許多人看到這個題目都抓頭搔腦地理不出頭緒。這位學生也陷入思考之中，最後，他提筆寫下：「如果這是答案，請評分。」

試卷發回之後，這個題目他得了高分。

有人說「初生之犢不畏虎」，因為初生的小牛還不知道老虎的厲害與可怕，所以才會不知死活地橫衝直撞。

一頭成熟的公牛，氣力不見得弱於老虎，卻因為對老虎的恐懼過深，還沒有對戰就已經退縮了，結果這頭公牛不是僥倖逃走，就是成為虎口下的大餐，無論如何也難有逼退老虎的可能性。至於一頭剛剛成長的小牛血氣方剛，若是毫不畏懼老虎，以迅速且

執著的方式，正面衝撞老虎，以勇氣令老虎錯愕，說不定就能獲得更多的時間遠離威脅。

從格鬥的技法來看，再強的人只要被人從後腰緊緊圈抱住，死不放手，就會被成功絆住，此時若不能以巧勁掙脫束縛，就會被纏至氣力耗盡，一旦對方有後援，更是毫無自保的能力。這種欲求兩敗俱傷的攻擊方式最難應對，戰鬥之中最需要提防的也是自己的後背。

此外，在對抗過程中，若是能找尋到強而有力的靠山，更不能輕易地放棄可以利用資源。

有一位剛剛上任、意氣風發的上校，這天穿上新制服，別上新官徽，來到部隊視察。他的驕傲之氣毫不掩飾，來到一位毫不起眼的新兵面前時，瞧小兵看似不敢抬頭仰視的模樣，感到十分得意，於是大聲地說：「喂，小伙子，抬起頭來，就算是聽大人物說話也一樣，要對自己有信心。好，現在你可以和我握手，這樣你就可以寫信告訴你父親，你已經握過上校的手，相信你父親也會為你感到驕傲。」

年輕的新兵這時抬起頭也伸出手，等上校回握。

上校認為自己成功啟發了這名新兵，於是很高興地和他握手，感到既驕傲又得意，忍不住打開話匣子說：「對了，你父親在哪高就啊？」

「報告上校，他是一位將軍。」年輕人不卑不亢，大聲地回答。

這一趟視察很快就結束了，上校滿臉尷尬地離去。

權勢欺壓所帶來的挑戰，走到哪裡都看得到，應對的守則就

在於準備充分妥當的人可正面迎戰，稍有不足的人就避開鋒芒。

　　面對挑戰時，沒有必定會的仗，但所謂「勝敗乃兵家常事」，有時候會贏，有時候會輸，失敗也是需要面對的。

　　有一位科學家被人問道：「你所試驗要製作的新型電池老是失敗，為什麼還要繼續試驗？」

　　科學家回答：「失敗？我從來沒有失敗過，我現在已經成功地知道了五萬種不能製作這種電池的方法。」

　　「屢戰屢敗」和「屢敗屢戰」是截然不同的邏輯思維，前者指出的是現實，後者強調的是心態，擁有後者的心態，就有可能改變前者的現實。正如同這位科學家的態度，以輕鬆的方式來面對「失敗」，失敗才有可能是「成功之母」，而非「成功絆腳石」。

可以堅持，但是不要固執

凡事可以認真但不要頑固，可以有所堅持但不要故步自封，人生就能夠因認真而美麗，又不會因偏執而呆板了。

有一句廣告詞是這麼說的：「認真的女人最美麗。」

這一句話引起了許多人的共鳴。

的確，當一個人專心致力於一件事情的時候，不論是面容、舉措，甚至是周遭所營造出來的氛圍，都具有一種迷惑人的魅力。或許，沒有人能說出到底好在哪裡，但就是教人無法移開目光。

只是，認真總得有個限度，過於偏執，就不免變得呆板了。

英國詩人杰尼遜曾經寫過一首詩，其中有幾行寫道：「每一分鐘都有一個人死亡，每一分鐘都有一個人誕生……。」

這首詩後來被一位數學家讀到。數學家越讀越覺得不對，最後忍不住提筆寫信去向杰尼遜質疑。

信上寫道：「閣下敬啓，拜讀大作令人一快，但有點淺見希望能告知您一聲。您的詩中有幾行讀來讀去總覺不合邏輯，令我無法苟同。根據您的算法，每分鐘的生死人數是可以相抵的，那麼地球上的人數將會永恆不變，但是您不會不知道，事實上現在地球上的人口正不斷增加。更確切一點來說，每一分鐘相對有一

‧六七四九人誕生。這個數字與您詩作中所提到的數據相差甚多。為了符合現狀,如果您不反對,建議您可以使用一又六分之一這個帶分數,也就是說將詩句改為『每一分鐘都有一個人死亡,每一分鐘都有一又六分之一個人誕生。』」

杰尼遜看了之後會怎麼反應?應該是哭笑不得,只能置之不理吧!

認真的角度不對,只能說是白費功夫。在文學領域裡面追求極度科學真實,是件煞風景又沒美感的事!

雖然這位數學家一點錯也沒有,他的論點也應該有其理論根據,但是,詩人寫詩有時只是藉景喻事、藉事抒情,想得太多反而突顯自己沒有情趣,這種時候太過認真只會讓人感覺無力。

人是理性的動物,也同樣是感性的動物,這個矛盾讓人的世界變得複雜,也變得有趣。

文學與藝術是人類生活的重要調劑,也是人類在這樣複雜世界裡活動的重要記錄。科學的存在是為了發現生命的真相,現今許多現象仍是科學無法解釋的,這正是科學界人士努力不懈的動力。雖然探討、研究科學與文學的都是人類,但是,正因為焦點與方法並不相同,也各有不同的解讀與詮釋方式,認真鑽研其中的人,不論精於何者,都會有精采之處。

只不過,如果不能試圖理解彼此的立場,站在虛心的角度欣賞對方,相互批判起來就難免有種不著邊際的遺憾,鬧笑話的可能性當然也就更高了。

凡事可以認真但不要頑固,可以有所堅持但不要故步自封,人生就能夠因認真而美麗,又不會因偏執而呆板了。

下定決心，才能改變壞習慣

修正自我的信念，讓自己從信仰「舊習慣」的想法，轉向信任「新習慣」，唯有如此，習慣才不會成為你的絆腳石。

　　每個人都有缺點，也都知道應該要改正缺點，只是很多時候雖然心裡明白，卻怎麼也難以下定決心。

　　更多時候，是因為自己的內心並非真的想改，一旦心裡萌生了一點點這樣不甘願的情緒，就算旁人說破了嘴不斷勸說，也無法發揮多大效用。

　　或許是因為如此，古人才會頻頻告誡「惡習不可養」，畢竟一旦養成了壞習慣，要想改變可不是容易的事。

　　抽菸的人不可能看不懂菸盒上「吸菸有害健康」的字樣，也不可能不知道衛生署每年所公佈的抽菸導致肺癌機率提升的數據，更不可能不明白周遭家人吸入二手菸的可能性。

　　但是知道再多，明白再多，手指上就是不能沒有一段燃燒的菸頭，鼻腔就是不能沒有一股煙霧繚繞。

　　許多人就算知道吸菸可能會減少壽命，也甘願短命而不願度過沒有菸味的長久人生。

　　戒菸，成為吸菸者心中最疼痛的字眼。

有人個嗜嚼菸草，嚼到嘔吐不止，只好去看醫生。結果醫生告訴他檢查出來的報告顯示他就是因為整天嚼菸葉，攝取過多尼古丁才會不停嘔吐，建議他立刻停止嚼菸葉，否則健康必會大受影響。

他聽了滿臉愁容，不死心地對醫生說：「醫生，你能不能再找找看我有沒有別的嘔吐原因？」

醫生問：「為什麼？」

他回答：「因為我還想繼續嚼菸草。」

有人抽菸抽得拚命咳嗽，只得求醫，到了醫生面前依舊咳個不停。

醫生見了，忍不住皺著眉頭對他說：「我真不喜歡你這樣咳嗽，你最好快點把菸戒了吧！」

他聽了不但沒有半點感激，還挑釁說：「怎麼，難道我戒了菸你就會喜歡我這樣咳嗽了？」

還有一對夫妻，先生正好是一位老煙槍，每天總是煙不離手。

老婆實在受不了先生身上的菸味和空氣中的二手菸，於是苦口婆心地勸道：「你知道香菸裡面的尼古丁含量有多少嗎？吸多了很容易得癌症的，拜託你為了我把菸戒了吧！」

可是老公卻一點也不領情：「為什麼？我又不是為了妳才吸菸的！」

這些人不是不清楚問題的嚴重性，也不是不明白戒菸對自己的好處，但他們就是戒不了壞習慣，而且為了捍衛自己的想法，為了尋求個人行為的合理性與正當性，不惜賣弄嘴皮，在遣詞用字上大作文章，想盡辦法挑對方語病好為自己開脫。

　　當我們真心接受了一項行為，甚至變成了習慣，就很難違背自己的心意去改變。唯有打從心底下定決心，不爲自己留下後路，未來才有可能改變。

　　人終究是依心而爲的，所以，當你設定了一個目標，首先要修正自我的信念，讓自己從信仰「舊習慣」的想法，轉向信任「新習慣」，唯有如此，習慣才不會成爲你的絆腳石。

PART 7

讓幽默成為決鬥的利器

不必用一個髒字，

不必口出惡言和破壞形象，

　　照樣能把對手修理得亮晶晶，

這就是拿幽默當武器的強大效能。

人生的幸福得靠自己努力

要不要牽另一半的手一起走,是自我的選擇。但是一旦選擇了婚姻,就應該學習認分,更應該為營造家庭的幸福努力。

有人說:「婚姻是愛情的墳墓。」但是,也有人說:「婚姻並不是枷鎖,愛本身是一種能力。」

雖然「倡婚派」和「反婚派」各有不同說法,然而他們卻有其共通之處,就是對愛情的需求和對幸福的想望。

美國前總統傑克遜說得非常浪漫,他說:「如果在天堂裡見不到我的妻子,那天堂不能算是我的天堂。」

短短的一句話,完全道盡他對妻子的愛戀與重視。

婚姻裡,夫妻雙方應該是相互尊重、相互需求的,在兩人的共同經營之下,幸福與愛才能不斷延續。

從愛情進入婚姻是一段考驗兩人的歷程,只有以愛情為基礎的婚姻,才會特別令人感到幸福。

美國幽默大師馬克・吐溫在一八七〇年的時候,成功將自己心愛的奧莉薇亞・蘭克頓小姐娶回家當老婆。事實上,他們兩人熱戀不久後便共同決定要攜手同行人生路。

婚後的馬克・吐溫仍沉浸在甜蜜的愛情世界之中,他在給友

人的信件當中寫道：「如果結婚後的生活像我們現在一樣幸福，那我算是白白浪費了三十年的時光。假如一切能夠從頭開始，那我希望在牙牙學語的嬰兒時期就結婚，別把時間荒廢在磨牙和打碎瓶瓶罐罐之上。」字裡行間，無一不流露出他對婚姻的滿意與對幸福的滿足。

但是，也有人是在成婚之後才學會「咬牙切齒」和「打碎瓶罐」的爭執技術，應驗了托爾斯泰在《安娜·卡列尼娜》的卷頭題辭：「幸福的家庭都是相似的，而不幸的家庭則各有各的不幸。」

什麼事都有可能成為家庭不幸的源由，如果婚姻中任何一個人不願繼續維繫家庭的幸福，那麼婚姻裡的愛情肯定會變質，而且開始發酵。

法國大文豪巴爾札克寫下無數動人的小說，卻一直是婚姻的逃兵。

在三十三歲那年，他已頗有文名，當時他收到一封來自烏克蘭的信件，署名「陌生人」，讓他無法克制對信中人產生好奇。

後來，經過他百般追蹤，總算查明這封信是出自一位伯爵夫人韋利娜·韓斯卡之手，兩人經魚雁往返一段時間後，成為最親密的朋友，戀情足足延燒了十七年之久。

但是，儘管兩人互相喜愛，伯爵也在八年後過逝，巴爾札克卻一直沒有向韓斯卡夫人求婚，直到巴爾札克去世前五個月，兩人才正式完成婚禮。這一對戀人的想法究竟為何，旁人不得而知，但是，巴爾札克曾經說過一段饒富深意的話，他說：「當一個情人要比做一個丈夫容易，正如整天賣弄機智要比偶爾說一句應景的妙語困難得多。」

簡單一段話，道盡一般婚姻生活不容易維持的一面。

　　情人不必日日夜夜生活在一起，情人可以永遠保持神祕感和新鮮感，情人可以保有個人私密的空間，這些都是夫妻之間想維繫愛情的最大挑戰。

　　一段幸福婚姻的維持，需要兼顧各種面向，成為夫妻的兩人，來自不同的家庭，有不同的成長背景，因而除了為對方的優點所傾慕之外，更需要對彼此的不同妥協和包容。

　　正如莫泊桑說：「婚姻不是一條鎖鍊，而是一種結合。」這種結合應該是一種溝通的管道，彼此互動有無，彼此相互尊重。

　　現代社會中，有些人自認為自己不適合婚姻，也還沒有準備好步入婚禮的殿堂，因此選擇不婚。

　　人生是自己的選擇，要不要牽另一半的手一起走，當然也是自我的選擇，只要生活能快樂，人生就是幸福的。

　　莎士比亞曾經這麼說：「婚姻是青春的結束，人生的開始。」

　　你大可選擇不婚，繼續享受個人的自由和孤單，但是，一旦你選擇了婚姻，就應該學習改變自己的思緒，更應該掌控自己的情緒，為營造家庭的幸福而努力。

在真心的批評中找到成長空間

若能真心將自己對事物的感受仔細琢磨，
提供進步的出路與空間，這份誠意便能撫
慰那顆因為尖銳批評而受傷的心。

　　近來，各類才藝表演比賽等電視節目如雨後春筍般出現，年
輕的參賽者莫不摩拳擦掌、躍躍欲試，不難讓人看出現今年輕人
對自己的能力充滿自信，也能悠然自得地滿足自己的表演欲。只
是音樂一放、表演開始，誰強誰弱在評審眼中一一見真章。

　　然而，就有一位年輕參賽者因為受不了評審的嚴厲批評，壓
力過大而發生行為失常的現象。

　　這哄然一時的新聞事件鬧得滿城風雨，也引起一連串的論戰。
究竟評審批評該秉持什麼樣的尺度才算恰當？

　　有些人大肆批判評審，認為評審本身也曾是歌手，未曾大鳴
大放，有什麼資格來評論別人？有些人卻覺得，評審依持自身專
業給予參賽者中肯的建議、指出缺點，是希望參賽者能夠把握個
人進步的空間，何錯之有？總之大家各說各話，也讓事件變得紛
紛擾擾。

　　自古以來，批評者和創作者便經常發生摩擦，批評家怎麼批
才算批得高明，怎麼評才能真正評出高下？當批評家的評論遭受
質疑時，又該如何予以反擊？如何處理好這些問題，就看批評家
的功力了。

有一位年輕的劇作家，創作的新戲上檔時曾經遭受一位劇本評論家的惡評，對此極度不滿。

有一次，他在一個公開場合遇到了這位評論家，立刻上前理論說：「親愛的評論家先生，謝謝您對我作品的指教，但是我在此必須向您抗辯，您根本不瞭解我的劇本，演出時您從頭睡到尾，這是我親眼見到的。」

這位評論家聽了不動聲色，只是輕輕地啜了一口酒，而後輕聲說：「親愛的劇作家先生，您知道的，有時候睡覺也是一種意見的表示。」

還有一位近來飽受批評的畫家，也在咖啡館裡遇上那位毫不客氣對他提出批評的畫評家。

畫家尖刻地說：「要是想公正地評論一幅繪畫，批評家應該要自己會畫畫才行，唯有畫過畫的人才能領會我畫作裡的意涵。」

批評家倒是不卑不亢地回答：「我親愛的藝術家先生，請相信我的評論，我這一生沒生下過一顆雞蛋，但是，我絕對比任何一隻母雞更能清楚品嚐出一盤炒雞蛋的滋味。」

每一個人都是一名批評者，對於每一件事情都會有自己的感受。當我們將心中的批評說出口時，就該為自己的言論負責。

一味說好話、空嘴嚼舌，只是掩蓋真實。將人吹捧得高高在上，讓當事人在真相被揭露的時候，被迫承受那種從高空直墜地獄的滋味，這樣的批評者到底是同情還是殘忍？沒有人十全十美，客觀地指出對方的缺點，會不會也是一種求好心切的激勵？

　　沒有人喜歡被批評，也沒有人喜歡被品頭論足，捫心自問，當我們表現自己之後，儘管總會說：「敬請批評指教。」然而，當批評和指教真的來臨時，卻不見得承受得了。

　　如果從來沒有聽過任何一句逆耳忠言，該覺得慶幸？還是可悲？

　　沒有岩岸可供拍擊，海水不會激起美麗的浪花。批評就像是一座座尖銳的岩石，正面迎擊每一波潮水，不堪一擊的岩岸終將消弭在浪潮之下，但沒有力度的波浪也只能悄然退去，無蹤無影。

　　重新回顧前述批評事件的導火線，問題就在於批評尺度上的拿捏，究竟是惡意的批評還是中肯的建議，取決於批評者的態度與想法。

　　華佗為關羽刮骨療傷，割去腐肉，深及血骨，是何等痛楚？但是關羽何曾遷怒華佗？談笑風生所彰顯的不但是關羽個人的勇氣，更代表他對華佗的信任與感恩。殘忍與療傷往往只有一線之隔，真心為對方著想，就不會有所猶疑，裹足不前。

　　批評呈現的是個人品味，縱使語言可能成為利刃，但若能真心將自己對事物的感受仔細琢磨，真心為對方提供進步的出路與空間，這份誠意便能撫慰那顆因為尖銳批評而受傷的心。

探聽方法不如開始行動

開始做，就對了。問了一千種方法，卻不去
嘗試任何一種，想要成功，談何容易。選定
目標向前走，成功就在前方等待。

每個人都希望能夠功成名就，每一個領域都有出類拔萃的人
士，這些人的成就是不是偶然或機運，我們不得而知，但是有一
個事實不容置疑，那就是想在某一個領域裡獲得成功，首要的第
一步，就是得進入這個領域。

沒有這一步，就只能永遠在門外徘徊，羨慕別人的成功。

美國作家海明威不得不參加一個乏味的宴會，百般無聊之餘，
便把時間和腦細胞拿來構思一篇小說的情節。就在他想得正專心
的時候，一位富商過來和他攀談，恰好打斷了他的思緒。

富商問：「海明威先生，你的作品寫得這麼好，一定有很不
錯的方法囉。依你說，到底哪一種寫作方法是最好的呢？」

海明威怒火在心裡燃燒，但表面上倒是頗為冷靜，他沒好氣
地雙手一攤，說道：「從左到右！」

雖然沒有嚴正拒絕，但是也很清楚暗示沒有繼續談論話題的
意願，海明威發揮幽默，保持自己的風度，算是讓富商碰了個軟
釘子。

　　同樣是大文豪的法國作家大仲馬，執於筆耕，奮力不輟，一生著作超過千部，令人稱奇。有人訪問他，問道：「您苦寫了一整天，爲什麼第二天還能夠這麼有精神呢？」

　　他豪氣地說：「我根本就沒有苦寫過。」

　　那人又問：「那您是怎麼寫得又多又快呢？」

　　大仲馬依舊充滿傲氣地回答：「這我可不知道，不如你去問問一股泉水爲什麼總能噴湧不盡吧！」

　　對於海明威這樣成功且有名的作家而言，最常被詢問到的莫過於創作動機等等問題，同樣的話說上三次，多半已經使人厭煩了，這樣的話題恐怕是他避之唯恐不及的。大仲馬自然也是有備而來，一句話就打斷對方繼續詢問的可能性，更以高傲自信的態度讓人信服其權威，不敢冒犯。

　　求知的態度值得稱許，但是求知時更需要展現誠意，該做的功課不可少，該做的準備不可缺。若是問錯問題，會比不問還糟。

　　每個人都在找尋成功的方法，尋找獲勝的秘訣，然而，知道得再多，若是不肯去做，一切都是枉然。

　　開始做，就對了。問了一千種方法，卻不去嘗試任何一種，想要成功，談何容易？選定目標，邁開步、向前走，成功就在前方等待。

讓幽默成為決鬥的利器

不必用一個髒字，不必口出惡言和破壞形象，照樣能把對手修理得亮晶晶，這就是拿幽默當武器的強大效能。

人生就像一場馬力歐電玩遊戲，敵人和障礙總是會隨時出現，想要保持前進的唯一方法，就是跨越障礙、擊倒敵人。

在日常生活中，我們的意見不會人人都喜愛，我們的想法不會人人都認同，一旦遇到意見兩兩相左的情況，決鬥就在所難免了。這種時候，幽默感會成為利器之一，只要好好運用，就能讓我們勝於無形。

就來看看幾位文學家是怎麼善用他們的決鬥利器吧！

知名的劇作家蕭伯納身材瘦削是出了名的，看他不順眼的人也特別愛拿他的身材做文章。

有一天蕭伯納在街上遇見一位商人，兩人表面上禮貌地寒暄了一陣，接著商人便笑裡藏刀地譏諷說：「看到你，人們還以為英國發生饑荒呢！」

擅於言辭、體察人性的蕭伯納豈是省油的燈，二話不說，立刻回擊道：「是啊，看到你，人們就會明白發生饑荒的原因何在。」

　　旁邊觀看舌戰的人聽到這句話，望著商人大腹便便的身形，全都忍俊不住地笑了起來。

　　德國詩人歌德獨自在公園裡散步，前方來了一位以愛批評歌德出名的評論家。兩人經常文論筆戰，自然誰看誰都不順眼，此時狹路相逢，評論家決定先下手為強，說道：「我從來不讓路給蠢貨。」

　　歌德聽了不怒反笑，回敬說：「是嗎？我倒是恰恰相反。」說完側身一讓，讓評論家先行。

　　俄國著名的寓言作家克雷洛夫，以寫作動物寓言故事聞名，特別喜歡穿黑色的衣服。

　　有一天他在街上散步時，遇見一位一向對他頗有意見的貴族，避不開的情況下，兩人只得正面交鋒。

　　貴族首先發難，故意裝腔作戰，大驚小怪地叫喊著：「大家看，前面來了一朵好大的烏雲啊！」

　　克雷洛夫聽了，臉上露出一副百無聊賴的表情，接著淡淡地說：「怪不得蛤蟆開始叫了！」

　　有些人像皮球一樣，拍一下就彈得半天高，對事情反應過度、過快、過大，往往讓問題變得更加複雜。

　　其實反應快並不是件壞事，重點在於如何控制情緒冷靜反應。

　　如同前面三位文學家，他們的聰穎和反應力讓他們文采過人，作品豐富又變化萬千，駕馭文字的能力更是出類拔萃，是以他們利用在語言幽默上大作文章的方式，使局勢轉向對自己有利，既

維持顏面也保住裡子，反倒讓那些前來挑釁的人碰了一鼻子灰。

不必用上一個髒字，不必口出惡言和破壞形象，照樣可以把對手修理得亮晶晶，這就是拿幽默當武器的強大效能，而且笑果十足。

如果耍耍嘴皮就可以解決問題，不用動手動腳或是相約凌晨三、四點決鬥，何樂而不為呢？

情感是人與人之間最堅韌的連結

我們可能學會習慣社會中的種種冷漠，但
是內心仍舊渴望溫情和信任。想要生存在
什麼樣的世界，得靠自己去成就。

東方人不習慣談「愛」，但是愛的本質並未在生活中消失，
反而輕輕淡淡地展現在親子之間、夫妻之間、朋友之間。看似若
有似無，卻是恆長且久遠的糾結，這樣的情感，尤以親子之情最
為代表。

子女離家，父母掛心卻不會掛在嘴上，只在心中日日盼子女
平安歸來，為子女祈求順利成功。子女在他鄉倍思親，嚐到故鄉
味，見到故鄉人，總難掩心中激動，日日夜夜砥礪自己早日成功，
光榮返家。

有一對父子剛做完生意，把攤子上的東西收妥後便準備回家。
想不到在回家的途中竟遇上搶匪。這個強盜看起來非常兇惡，一
把將槍口對準了年輕的兒子，大吼道：「把錢放下！」

說時遲那時快，年老的父親一下子便往強盜撲去，雙手牢牢
地抱住強盜，對兒子說：「快！快跑！」

強盜想不到老人竟然會有這樣的舉動，忍不住大聲吼道：「你
這個老傢伙當真不要命啦！」

老人雙手仍不肯鬆開，說道：「對，你開槍吧，反正我有人身保險。」

到最後一刻仍為自己的子女著想，想著自己的生命消逝無妨，只要仍能遺惠後代便好，這樣的父母心如何能令人不感動？

在東方，父母親生養子女是一種責任與義務，也因為這一層的養育之恩，讓血脈相連的情感發揮左右彼此的力量，也讓彼此的連結更為緊密。所以「天下沒有不是的父母」，所以「父母在不遠遊」，子女對父母的依賴，不只是實質上的需求，更是精神上的徹底服從。

但是，當父母未能盡到自己的義務時，子女又該如何排除心裡的遺憾與憤怒，去完成孝順父母的義務？背負著「逆子」、「不孝女」惡名的人，背後是不是有著什麼樣不為人知的難處？

在西方，由於自我主義盛行，親子間的關係不如東方民族般親密，但是他們同樣有人倫關係的種種問題。

親子關係的好壞不在於彼此的身分和所在的環境，在於每個人對於彼此重視和親密的程度。

人與人之間，情感的建立來自彼此間的相處，有些人彼此結善緣，有些人彼此結惡緣，一切的關係都是相對的。兩個毫無關係的陌生人，卻可能在異鄉因為同族背景而相互扶持，成為重要的密友；但是兩個比鄰而居的人，卻可能因為一個停車位而成為見面眼紅的仇敵。

「自掃門前雪，莫管他人瓦上霜」、「小心使得萬年船」這些警語，在這個人與人之間的信任被層層打破的社會裡，聽來格外驚心卻也格外受用。

　　我們可能學會習慣社會中的種種冷漠，但是內心仍舊渴望溫情和信任，因此，當我們聽聞一件善行，當我們聽聞一樁「父親捨命救子」的故事，心中會分外感動。

　　因為，這些故事保留了我們對人世的期待，因為這些傳聞讓我們相信世界仍有溫情。

　　想要生存在什麼樣的世界，得靠自己去成就，每個人都有對世界盡一分心力的義務。我們擺脫不了情感的牽絆，也擺脫不了對情感的需求，就讓我們從自身的情感出發，強化善的連結，終止惡的牽連吧！

改變角度就有不同體悟

剝除世故的眼鏡，或許能讓我們產生新的
觀點、新的視角，也讓我們對事物有不同
角度、不同程度的體悟。

　　孩子的天真想像，對於習於事理的成人來說，常常是一種樂
於包容的無知，令人發笑。在我們欣然微笑的同時，能不能也學
習以孩子的眼光去覺察事物的本質與原貌，不被某種名為「成見」
的隱形力量操控？

　　有人這麼說，人類最珍貴的寶物就是智慧，但是人類最大的
煩惱也是智慧。有時候，無知並不是一件壞事，回歸本質，重新
虛心學習這個世界給予我們的訊息，能夠讓我們對生命與生活另
有一番體悟。

　　在為自己的成就而驕傲時，何妨試著聽聽孩子的話語？

　　有個孩子慎重其事地來到媽媽身邊說：「媽媽，妳不要吸菸
了！」

　　媽媽並未放下手裡的菸，反問：「為什麼？」

　　孩子回答：「妳一直吸煙到肚子裡面，會把肚子裡面的弟弟
薰黑的。」

　　還有個五歲孩子整個下午都趴在地上畫畫，媽媽問他在畫些

什麼。孩子連頭也沒抬,依舊專心地用鉛筆在紙上畫著:「我在幫上帝畫畫像。」

媽媽聽了說:「可是,誰也不知道上帝長成什麼樣子啊!」

孩子聳聳肩,回答:「那我畫出來,大家不就都知道了嗎?」

看看這些童言童語,仔細思索,是不是帶給我們不少省思呢?

一位抽菸的孕婦,對胎兒會有多大的不良影響?連孩童都知道嚴重性,為什麼要選擇忽視?

上帝存在於每個人心中,上帝的模樣對每個人來說也各有不同面貌,既然如此,又如何能說別人畫出來的不是真的?又怎麼能說別人畫不出來?

孩子的問題往往富含一種天真的哲理,讓世故的成人毫無招架的餘地。或許是因為我們知道得太多,太過聰明了,反而被聰明所誤,太過於相信自己打造出來的眼鏡,卻忘了我們可以拿下眼鏡看世界。

有時候,盲目是一種逃避,而孩子的天真,卻強制剔除我們那副世故的眼鏡,或許剛開始看世界會有點模糊,但是,這份模糊反而讓我們更加認真地注視,花費更多的時間與心力去觀照周遭,會將世界看得更仔細、更純粹。如此觀照,或許能讓我們產生新的觀點、新的視角,也讓我們對事物有不同角度、不同程度的體悟。

正如穿上「新衣」的國王,當孩子一語道破所有真相的時候,我們該如何應對,便是一項生命歷程中的重大課題。

自己的人生，由自己決定

父母的經驗不是孩子必須絕對依循的「成功之路」。孩子的路交由孩子自己走，父母的陪伴應該是支持而不是壓力。

沒有人希望自己有一個失敗的人生，每個人都期望自己在人世上走的這一遭能夠有所成就。

然而，有許多事實顯示，我們的成就往往受限於其他人的期望。

我們認為的成功，很可能是別人眼中應有的表現，為了符合他人的期望，我們常常勉強行事，常常委曲求全。

當我們獲得所謂的成功時，其實是讓自己達到別人眼中「良好」的表現，很可能這並不是自己真心想獲得的。但是，我們仍會驕傲、仍會愉悅，仍會為了別人的滿意而快樂。相對的，我們也會因為別人的不滿意而沮喪失落，情緒低迷。

所謂「成功的人生」到底是為別人而活，還是為了自己？

一向品學兼優的彼得，這次學年成績不太理想，母親對他的表現頗有微辭。

她試圖隱藏自己的怒氣，對兒子說：「去年，我為你感到驕傲，因為你是班上最好的學生。」

　　彼得知道自己被責備了，心裡自然難過，不過他想了一會兒，還是對母親說：「媽媽，我知道我這次的表現不好，但是，媽媽，我想別人的母親一定也想為她們的孩子感到驕傲。如果我總是第一名的話，對她們來說不就失去驕傲的機會嗎？這樣豈不是太不公平了？」

　　愛之深、責之切，是父母訓誡子女時最為冠冕堂皇的理由。然而，父母的每一句責備，對子女來說都是一種批評，是以自我的想望為出發點的評價方式，是將自己的價值觀套用在孩子身上。

　　責罵孩子時，大部分的父母都是出於善意，希望孩子更好，但是孩子有時能夠接受，有時則不明其意，彼此的溝通若是出現障礙，便容易產生磨擦。

　　倘若父母又以威權相逼，有些孩子便會產生不適應的狀況，而有「反叛」、「忤逆」等行為出現。

　　故事中的彼得，是屬於反應溫和的一例，他清楚自己的表現在母親心目中可能不夠完美，但是，母親對他的批評卻令他無法欣然接受。他的回答不卑不亢，且能強烈地表現出自己的看法和不輕易妥協的態度。

　　栽植盆栽的時候，栽植人可以適度對枝莖施壓，使得盆栽的枝葉往人們期望的方向生長。

　　但是，栽植人心裡應該清楚如何控制力道，一旦力氣過大，便會將枝條硬生生折斷，脆弱一點的苗芽可能就因此死亡了。

　　成就不僅有一種形式，自己的成功模式也不見得可以套在別人身上。

　　父母希望子女達成自己的期待，當然可以提供自身經驗供子

女參考,但這些經驗卻不是必須絕對依循的「成功之路」。

　　醫生的兒子可以玩藝術,總統的孩子不一定得從政,麵攤老闆的小孩更不一定要死守那個麵攤。

　　身為父母應該改變既定的思緒,孩子的路交由孩子自己走,父母的陪伴帶給他們的應該是支持,而不是壓力。

彼此尊重，更容易溝通

沒有天生的聾子，只有不肯溝通與不知如
何溝通的親子，即使親如家人也要學習彼
此尊重，才能建立和諧的家庭環境。

人類的幼年期相較於其他動物來得更長，也更為無能。小鹿
出生沒多久即可站立，很快就可以跟著母鹿四處吃草；小雞破殼
出生後，濕黏的絨毛遇風則變得乾又蓬鬆，不過數週就絨毛盡褪
長出新羽，成為一隻大雞。

不過儘管如此，大部分動物仍需要在父母的守護之下才能順
利成長。年幼時期的種種無知與無能，會隨著時間的演進、身體
機能的成長漸漸蛻變，變得能夠獨當一面。

毫無疑問，孩童自出生以後，就對父母具有純然的信任感，
他們對於父母餵入口中的食物沒有任何疑惑，努力從父母身上汲
取溫暖，渴求父母的擁抱。然而，如果他們不能順利從父母處獲
得需求的滿足，漸漸的這份信任感便會隨著眼界開展而出現裂痕
與變形。

湯姆和爸爸走在從遊樂園返家的路上。湯姆嘟著嘴，彷彿連
爸爸剛剛買給他的冰淇淋都不能為他帶來快樂，這是因為剛才在
遊樂園時，爸爸拒絕讓湯姆溜冰的緣故。

湯姆有一口沒一口地舔著冰淇淋，正巧一隻蒼蠅飛過來，剛好停在冰淇淋上頭。爸爸立刻對湯姆說：「湯姆，快把蒼蠅趕走，聽到了嗎？」

湯姆仍舊嘟著嘴，回答：「爸爸，你不讓我溜冰就算了，難道也不能讓牠在這裡溜一會兒冰嗎？」

如果你是湯姆的爸爸，你會如何反應呢？

還有一個父親，實在看不慣七歲的兒子每天因為睡懶覺而上學遲到這件事，於是特地把兒子叫來，對兒子說了一個「早起的鳥兒有蟲吃」的故事。最後爸爸煞有其事地做下結論說：「你記住了吧，鳥兒只有起得早才能吃到蟲，要是起晚了，就只能餓肚子。」

想不到他的兒子反應頗快，立刻不服氣地回敬一句：「可是爸爸，照你這麼說，那麼早起的蟲子不就太可憐了嗎？」

能夠立刻互換立場，反將老爸一軍，這個兒子果然聰明，但是身為老爸的人又該如何應對呢？

有時候，童言童語所製造出來的效果，除了爆笑與無奈之外，更有值得我們深思的地方，值得我們以嚴肅的態度思考。

當父親的形象從「無所不知」變成「有所欠缺」時，當父親的答案不見得全數皆對時，孩子對父親的態度也會從全然信任慢慢變成有所懷疑。

或許對父親而言，面子上多少有點掛不住，但是事若至此，反倒是一件好事。這時要讓孩子知道，父親不是什麼都會，但父親對於不會的事物會抱持著虛心學習的態度同時予以尊重，如此身教確實強過滔滔不絕的言教。

　　要維持全能的形象相當困難，要得到永恆的權威也不太容易，如果你希望成為一個永遠受孩子尊敬、尊重的父親，就必須先學會尊重孩子。面對孩子時，不是一味的壓抑與控制，而是適當且適時的引導與建議。給予孩子決定權和選擇權，對孩子來說是一種尊重的表示，這樣孩子對於父親的建議也較不會有過度的排斥感，親子之間的情感也不至因為誤會而產生嫌隙。

　　像第一則故事中的湯姆，他只有感受到父親拒絕滿足他期望的失落，卻不能明白父親為他著想的用意，如果不教他體會父親的心意，就不能怪罪他誤會。所以，湯姆的爸爸要是破口大罵或是劈頭痛扁湯姆一頓，他就永遠體會不了父親的用心。

　　又如同賴床事件所引起的父子爭辯，其實也是可以避免的。父親與其花費時間和兒子爭論「鳥利」還是「蟲衰」，還不如和兒子聊聊他早上起不來的原因，再一起找出對症下藥的好方法，如此更能解決問題，不是嗎？

　　為人父母可以說是天性，但也是一種需要學習的技能。天下之所以沒有不是的父母，這說法是建立在孩子尊重父母、愛護父母的前提下，不代表父母就有權任意妄為。

　　沒有天生的孽子，只有不肯溝通與不知如何溝通的親子，即使親如家人也要學習彼此尊重，才能建立和諧的家庭環境。

　　命令或許能夠快速達到效果，卻也要付出一定的代價，為人父母者如何在不縱容孩子、累死自己的狀況下達到教養目的，如何維持親子之間的信任感，是生育子女時必須認真思考的課題。畢竟「生而不育」、「養而不教」所帶來的後果，還是必須由父母承擔責任。

PART 8

放空心靈，
才會有好心情

你的心境，會幫你戴上一副眼鏡；
當你戴上一副快樂的眼鏡時，
你的世界是色彩繽紛的，
是多彩多姿的。

願意往前，就能遠離黑暗

學著堅強，就沒有突不破的困境，光明就
在前方，願意往前走的人就能遠離黑暗。

　　天才總是招妒，鶴立雞群的人，肯定很難在雞群裡從容過活，
恐怕還得時時提防雞群暗算。但是，如果天才完全沒有抵抗暗算
的決心與毅力，就沒什麼機會將才能全部發揮出來。

　　盧梭曾經針對父母對子女的教育提出這樣說法：「人們只想
到要怎樣保護他們的孩子，但這是不夠的。應該教他們成人後要
怎樣保護自己，教他們經受得住命運的打擊，教他們不要把富貴
貧困看在眼裡，教他們在必要的時候，在冰島的冰天雪地裡或在
馬爾他島的熾熱岩石上也能夠存活。」

　　他認為，父母應該教孩子學著堅強，不要被環境和命運打敗。

　　人生旅途絕非一片平坦，如果不能強化自己的心，增加抗壓
性，如何能一步一步地向前邁進呢？

　　據說「音樂之父」巴哈雖然從小就顯露出音樂方面的天賦，
但成長過程卻不是那麼順遂，就連親兄弟都曾因為嫉妒他的才華
而「暗算」過他。

　　巴哈的哥哥原本是一名風琴手，結果當巴哈也開始學風琴時，

後來居上的速度著實令他膽寒。爲了怕弟弟太出風頭，做哥哥的竟然連偷藏樂譜這種事都做得出來，百般阻撓巴哈練習。

但是，巴哈仍偷偷就著月光抄寫樂譜，甚至躲起來練習，即使如此哥哥還是不放過他，把樂譜的副本也搶走。

巴哈並不因此灰心失志，反而心想：「偷走一本樂譜就能難倒我嗎？你越阻撓我，我越要做出成績給你看。」

巴哈乾脆離家，四處拜訪名師。憑著他的天賦加上不懈的練習，終於闖出名號，成爲最出名的風琴手，更開始創作樂曲。

哥哥見巴哈真的出了名，即使再怎麼不甘心，也知道自己真的技不如人，想請弟弟指點一二，但是回想起自己以往的行徑，請求指點的要求怎麼也說不出口。巴哈得到消息，知道哥哥的心思後，便主動前來表示自己很願意提供幫助。曾經決裂的兄弟，終於有機會合好。

巴哈受欺壓的遭遇並不稀奇，他能夠控制思緒和情緒，靠自己的力量闖出一片天，是音樂界之福，假使他的抗壓性不足，輕易被環境打垮，音樂的歷史或許就此改觀了。

郭沫若在《學者論學》中提到：「艱難的環境一般會使人沉沒下去，但是，對具有堅強意志、積極進取的人，卻可以發揮相反的作用。」

同儕間能夠相互激勵、相互扶持自然是再好不過，但是因爲優勝劣敗而產生嫉妒之心，也是常有的事。這時，我們不知道背叛和痛苦什麼時候會出現，如果沒有勇氣去面對這種艱難情況，將永遠飽受痛苦折磨。

攻擊的行爲其實源自恐懼，因爲我們的優點可能正彰顯對方

的弱點，逼得他們採取激烈的防備行為。雖然這並不是我們的錯，可是明槍暗箭若是躲不掉，無力反擊、無力自保，結果就是受傷。

　　英國最偉大的教育家洛克也提出類似的建議：「人生的磨難很多，所以我們不可對每一件輕微的傷害過於敏感。在生活磨難前，精神上的堅強和無動於衷是我們抵抗罪惡和人生意外的最好武器。」

　　改變思緒，就能改變情緒；學著堅強，就沒有突不破的困境。想得透徹，種種挑釁也不過是個挑戰罷了，總有方法可以面對。光明就在前方，願意往前走的人就能遠離黑暗。

放空心靈，才會有好心情

你的心境，會幫你戴上一副眼鏡；當你戴
上一副快樂的眼鏡時，你的世界是色彩繽
紛的，是多彩多姿的。

約翰‧雷寫過這麼一句話：「孩童和傻子擁有快樂的生活。」
從這句話看來，無知或許正是我們生活快樂的一種本質。

人其實很有意思，會因為學習和獲得而感到快樂，也會因為
無知、無負擔而覺得開心。知道得太多，擁有很多，卻也擁有繁
雜；知道得少，雖然有所匱乏，但如果不知道自己缺少的是什麼，
其實也很容易感到滿足。

一個憤世嫉俗、自覺懷才不遇的農夫，肯定無法滿足於他的
工作，因為他知道自己是不得不才來當農夫的；反之，一個樂天
知命，能藉由農穫得到滿足感的農夫則不一樣了，他或許單純喜
歡農務工作，或許只會種田，所以他能對於經手的每一項工作感
到自信，也會由每一次收穫中得到成就感。

同樣的工作內容，在不同的人來說，竟有如此天差地別。這
兩個人的差？，會不會就在於一個知道得太多，而一個不知道。

也許有人要提出反證，像陶淵明那樣有才學的詩人，為什麼
不善於農事卻也在隱居的生活中過得閒適開心？

　　陶淵明的退隱農務是自己的選擇，在明瞭人世之後的選擇。這是因為他發覺那些繁雜的世俗人間，知道得太多反而會為自己帶來無謂的煩惱，想得到太多反而會因為得不到而感到沮喪。所以，即使在居無車馬喧的人境，即使田裡的收成連填飽自己肚腸都有問題，卻能享有清憂的心境。

　　這應該就是他閒適開心的原因，午後來到東籬，發現菊花已悄然盛開，一時心喜摘下一朵，甫抬頭就發現終南山美好的山景映入眼簾，一份悠然就這麼在心頭漫漾開來。

　　能夠得到這份悠然，是因為他能將心放空，才能有所空間放置美景，在美景之中得到快樂。

　　相反的，一個為世事煩憂的人，即使好情好景在眼前，恐怕也是視而不見的，因為他的心思早就已經被俗事塵務層層填滿，又如何能靜下來觀賞好山好水呢。

　　曾經有次和一位長輩出遊，途中大肆批評年輕人到郊外踏青卻帶了收音機播放熱門音樂，把整個風景氣氛都徹底破壞了。其實，哪是那些年輕人的音樂吵擾了他，而是他自己的內心煩躁，什麼事都看不順眼，什麼事都能讓他心煩意亂。真正定心的人，是不會被外物煩擾的。

　　有一對祖孫一同到河邊散步，眼睛望著潺潺流去的河水，爺爺嘴上不說，心裡卻不免感嘆這河水千年悠悠，自己的人生歲月卻眼看快到盡頭，越想眉頭間的愁緒就越解不開。

　　兩人走著走著，孫子突然說：「爺爺，你看河水老了。」

　　爺爺在意這番話，忍不住輕責：「胡說什麼，河水怎麼會老？」

　　孫子睜大明亮的眼睛說：「你不是說老了就會長皺紋嗎？你看，這河水皺紋那麼多，一定很老很老了。」看來他對自己的新發現感到很開心。

　　在孩子眼中，河水和爺爺一樣老，年老的意義對兩者並無差別也無影響，反而因為如此連結，讓他對自然現象感到好奇；然而在老人眼中，歲月的流逝是多麼令人心驚與哀愁。

　　你的心境，會幫你戴上一副眼鏡；當你戴上一副憂傷的眼鏡時，你所看到的世界會是一種深藍綠帶點灰暗的世界，你看不見青山綠水，也看不見黃花粉蝶，在你眼睛所及之處，生命都變得灰灰霧霧的。

　　然而，當你戴上一副快樂的眼鏡時，你的鏡片是透明的，你的世界是色彩繽紛的，是多彩多姿的。

適時鼓勵就能創造奇蹟

我們是自己人生中的主角，也是對方人生
中的配角，就讓我們成為彼此的貴人，在
舞台上扮演互相扶持的角色。

英國作家湯瑪士·柏克曾經說過：「真摯的友誼不僅讓陽光
照向暗處，也讓陰影走向陽光。」

遇到挫折的時候，身邊若是有一個真心支持自己的人，那即
便眼前的困難再大，也能生出勇氣面對。這就是認同的力量，一
句鼓勵、一聲支持就能激發更多力量。

精神上的鼓勵有時更勝於物質上的支援。真誠地說句讚賞、
鼓勵的話，對我們而言可說是毫不費力，但是，這一點點小小的
付出，說不定就有機會製造出一個奇蹟。

十九世紀初，倫敦貧民區裡住著一名年輕人，他在父親琅璫
入獄之後，生活頓時陷入困境，不但沒有辦法繼續上學，更得到
煤灰工廠裡當童工。後來祖母過世，他得到一筆遺產，才得以將
父親從獄中保釋出來，然而生活還是沒有改善多少，之後他還是
得在工廠裡工作才能過活。

他和另外兩個同樣來自貧民區的男孩一起住在一間陰森的房
子裡。他最大的志願就是成為一名作家，所以白天到工廠工作，

晚上則提筆創作。

　　但是，他怕被人嘲笑，只能趁深夜時分偷偷溜出去，悄悄把自己寫的文稿寄給出版社。就這樣，文章一篇篇寄出，卻也一封封被退了回來，他失望落寞的心情可想而知。

　　有一天，當他拖著疲憊的身軀回到住處，看見室友手裡揚著一封信，興奮地朝他揮手大叫：「喂，看是誰回來啦！我們的作家先生！」

　　他將室友手上的信接了過來，心想這只不過又是另一封退稿信件罷了，他訕訕地說：「很抱歉，我的朋友，這只是封退稿信。」

　　但是，他的同伴仍然掩不住興奮，直搖著頭對他說：「不，作家先生，請您看仔細一點。」

　　他這時才認真地注意那封信，信封看起來和以往的退稿信不太一樣，只有薄薄的一封，封箋上寫著編輯的名字。

　　這是第一次有編輯回信給他。信裡只有短短的一句話：「你的文章正是我們找尋的作品。年輕人，堅持下去，相信你一定會成功。」

　　就是這句話，鼓舞了一顆年輕的心，決心積極投入自己的夢想。最後，他果然憑著一股過人的毅力，將自己的文學資質和才華全部發揮，成為一代文學巨匠。

　　這名年輕人就是查爾斯‧狄更斯，也是寫出無數知名作品的英國大文豪。

　　也許那位編輯從未想過他那封短信會產生多大的作用，也許他只是想鼓勵一下這個文學愛好者，然而正是這封信改變了這個

年輕人的一生，也促使一個文學巨匠誕生。

　　或許那名編輯也曾經因為某個人的善意支持而獲得勇氣，所以他樂於將那份善意盡可能地傳達出去。

　　人在失意時，就算只是一句輕聲問候，也能達到撫慰的效果。好話多說一句，我們就可能多得到一聲讚美；相對的，壞話少說一句，我們也能夠少聽到一句惡言。

　　你我共同生存在這個世界上，共享這個世界的資源，我們是自己人生中的主角，也是對方人生中的配角，相互扶持，正是我們的責任。

　　既然人與人的命運彼此連結著、相互影響著，那麼今天何妨在能力可及之處拉人一把，他日不幸身陷泥沼時，或許也能得到一雙救援的手。就讓我們成為彼此的貴人，各自在世界的舞台上，扮演好互相扶持的角色。

信念是人生最好的領航員

相信自己能做到每一件想做的事，這樣的
信念將為我們領航，無論前方的浪濤多麼
兇險，也能成功闖過重重難關。

把目光放遠、有雄心壯志並不是自命不凡，而是期許自己有
最好的表現，為了幫助自己攀上頂峰上的目的地，自然而然也會
用上百分之百的力量。

人們常說：「有志者事竟成」，原因就在於，立定志向後決
心完成，當然能提高成功的機率。

有一句話是這麼說的：「有設限的期望，只會產生有限的成
果。」如果缺乏自信心，認為自己什麼都做不到，就真的什麼都
做不到了。既然已經決定跨步，又何必在腳上綁繩子讓自己施展
不開呢？

所謂「成就取決於自我信念」，強調的就是百分之百相信自
己，才能引出百分之百的力量。

美國有一個名為布魯金斯學會的機構，創設於一九二七年，
以培養世界上最傑出的推銷員著稱於世。它有一個傳統，就是在
每期學員畢業時，設計一道最能體現推銷員能力的實習題讓學員
完成。

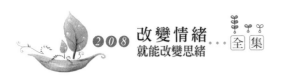

二○○一年時，布魯金斯學會為當期學員出了這麼一個題目：請推銷一把斧頭給小布希總統。

許多學員認為，要達成這個題目實在一點可能性也沒有，因為現在的總統不但什麼都不缺，也不需要自己採購物品，就算他今天決定外出消費，也不一定能剛好去向他推銷。

但是，這個難題還是有一名學員達成了，他的名字叫喬治‧赫伯特，成功地將一把舊斧頭賣給小布希總統。

他從來不認為這個推銷案不可行，當他接到任務後，立刻寫了一封信給總統，信裡寫道：「有一次，我有幸參觀您的農場，發現那裡長著許多矢菊樹，有些樹已經枯死，木頭的質地變得鬆軟。我想，您一定需要一把小斧頭砍伐枯樹，但是從您現在的體魄來看，小斧頭實在太輕了，您需要的是一把不是太鋒利，卻又稱手好用的老斧頭。剛好，我手邊正有一把這樣的斧頭，是我祖父留給我的，很適合砍伐枯樹。假若您有興趣的話，請按這封信所留的信箱給予回覆……。」

過了不久，赫伯特便收到一張十五美元的支票。

布魯金斯學會得知這一消息，立刻把刻有「最偉大推銷員」的一只金靴贈予他，這是自從一九七五年一位學員成功地把一台微型錄音機賣給尼克森總統以來，又一位學員得到如此殊榮。

學會將赫伯特成功的故事公佈在網站上，並附上一句相當有意思的格言：「不是因為有些事情難以做到，我們才失去自信；而是因為我們失去了自信，有些事情才顯得難以做到。」

日本作家中谷彰宏寫過這樣一段話：「今天，你看到的風景，是幾公尺外的風景呢？人就是這樣，必定能走到自己看到的風景

所在。看到一公里外風景的人，必定能走到一公里外的地方；能看到一百公里遠的人，就能走到一百公里外的地方。只看到一公尺外風景的人，那就……。所以，可能的話，要儘量讓自己看得遠。」

赫伯特不因為目標不容易實現而放棄，也不因某件事情難以辦到而失去自信，他始終相信自己的能力，也積極展現自己的實力，最後終於得以品嚐成功的甜美果實。

即使得不到他人的支持，我們仍然可以利用提升自我的期望，督促自己有更好的表現。如果還沒有開始嘗試就先看扁自己，能有機會的成功嗎？

相信自己能做到每一件想做的事，這樣的信念將為我們領航，無論前方的浪濤多麼兇險，相信我們也能夠憑藉著自己的力量，成功闖過重重難關。

關照別人，終將關照到自己

做事時，留餘地給人，自己也能得到想要
的好處。愛別人，別人也同樣會愛你。

　　瑪德蘭‧布瑞吉告訴我們一個值得實踐的生活哲理：「把最好的贈送給這個世界，這個世界也會回報最好的給你。」

　　的確，只要我們尊重別人，傳達信賴與關愛，以和善的態度待人，別人也同樣會以善意回報我們。

　　想怎麼收穫先怎麼栽，我們播下的善意種子，就算不是此時此刻，也會在未來的某天某地收成。

　　以和藹的態度對待他人，就算不一定能馬上收到別人的熱烈回應，但至少能夠和緩當下可能發生的衝突。

　　何不主動一點呢？與其苦著一張臉等待期盼中的好事降臨，為什麼不試著先伸出善意的雙手呢？

　　美國石油大王哈默窮困潦倒的時候，曾從一個小鎮鎮長身上學到一個影響他一生的處世道理。

　　據說，在哈默成功之前，一度是個不幸的流浪者。有一年冬天，年輕的哈默隨一群同伴流亡到美國南加州一個名叫沃爾遜的小鎮，在那裡認識了對他影響重大的鎮長傑克遜。

那是一個多雨霏霏的日子，鎮長花圃旁的小路成了一片泥沼，行人來回從花圃裡穿過，將花圃弄得一片狼藉。

哈默覺得，那麼美麗的花園就這樣被人踩得亂七八糟實在可惜，心想自己反正也沒別的事做，就擋在花圃前，不讓人從花圃上踩過。可是，行人不願踩著泥濘，所以不論他怎麼阻擋也沒什麼效果。

沒多久，一個兩肩挑擔煤渣的人影踽踽走來，然後對站在花圃前的哈默微微一笑。

原來，那個挑著一擔煤渣的人就是鎮長本人。

哈默不明白傑克遜挑來的煤渣有什麼用，於是呆呆地站到一旁。只見鎮長將擔子裡的煤渣一一舀出，然後全部灑在變成泥沼的小徑上。鋪上煤渣的小徑走起來就不會濺得滿身泥濘，行人們也就不會想再借道花圃了。

傑克遜鎮長意味深長地對哈默說：「你看，關照別人就是關照自己，這又有什麼不好？」

這個觀念影響了哈默一生，並將它視為終生的座右銘。

他曾經對訪問他的記者這麼說：「關照別人就是關照自己。那些想在競爭中出人頭地的人，如果知道關照別人只需要一點點的理解與大度，卻能贏來意想不到的收穫，那他一定會後悔不迭。關照是一種最有力量的方式，也是一條最好的路。」

一個人的情緒狀態影響著本身的生命能量，也左右著學習與工作之時的思緒，如果不能控制自己的情緒，反而被情緒控制，那就很難運用正面的思緒解決問題，也很難有所成就。

不希望行人借路花圃，光是一味阻止不一定有很好的效果，

故事中的傑克遜鎮長由行人借路的原因著手處理，雖然挑煤渣的舉動並沒有工資可領，可能還得自己出錢出力，但是這一點小小的付出，卻維持了心愛花圃的完整，不也是一種收穫嗎？

哈默體會了這個道理，每個人的心都是一個花圃，每個人的人生之旅就好比花圃前的小路，生活本來就不盡是風和日麗，往往也有風霜雨雪。因此，他即使已有權有勢，內心仍始終秉持著推己及人的想法，深信為他人造路，也是為自己留後路。

畢竟那些在雨中行走的人們，如果能有一條可以順利通行的路，誰還願意踐踏美麗的花圃呢？

做事時，留餘地給人，自己也能得到想要的好處，哈默就是從這樣的信念為自己塑造出成功。

日本推理作家森村誠一說：「越與人共享幸福，它的價值越增加。」

愛別人，別人也同樣會愛你，慈悲為懷的人，總是會設身處地體會別人的切身感受，為別人著想，本身也因此得到眾人的敬重。

關照別人的舉動，終將會關照到自己。哈默能夠做到，我們也能嗎？答案就在我們心裡。

用寬容的心拉人一把

> 只有尊重能贏得尊重，也只有信任才能博
> 取信任，與人相處時，能互相為對方著
> 想，才能將事情處理得完善美好。

就像多變的天氣，人的情緒也是不停變換的。

或許，我們無法掌控天氣，但是我們可以掌控自己的思緒，
用愉悅的情緒面對各種突如其來的變化，用更寬闊的心胸，用更
正面的態度，面對別人和自己所犯下的錯誤。

相信沒有人敢說自己這一生都不會做錯事，有錯並不可怕，
可怕的是知錯不改。擁有改過之心，人生就會有所轉變。

美國第三十任總統柯立芝有過這麼一個經歷，他以理性且寬
容的處理方式，改變了一名年輕人的一生。

一九二三年八月下旬的某天夜裡，天將破曉時，朦朧中柯立
芝被一陣細微的聲音驚醒了。

他睜開眼睛，發現一個黑影在翻弄他的衣服，正從他的口袋
裡把錢包掏出來，且已經解開了一條錶鏈。

柯立芝沒有驚動熟睡中的夫人，悄悄從床上起來，走到小偷
跟前，指著錶鏈說：「我希望你最好不要把它拿走。」

小偷突然聽到聲音，當然大吃一驚，當看到柯立芝手上並無

武器，便壯著膽子問：「為什麼？」

柯立芝說：「我指的不是錶和錶鏈，而是說那個錶鏈上的錶墜，你把錶墜拿到窗前仔細看一看，看看刻在錶墜背面的字吧！」

小偷走到窗前，藉著黎明的微光輕聲唸道：「眾議院院長卡爾夫‧柯立芝惠存，麻薩諸塞州州議會贈。」他一下子瞪大了眼睛，立刻轉過頭看著柯立芝說：「你就是柯立芝總統？」

柯立芝點點頭，回答說：「不錯，我就是柯立芝。那個錶墜是議會送給我的，我很喜歡。錶墜對你沒有什麼用處，你需要的是錢，不如……我們商量一下，怎麼樣？」

小偷壯著膽子把錢包拿起來說：「我只要這個，其他的我都不要！」他們雙方都心知肚明，錢包裡只有八十美元。

柯立芝不置可否，只是和氣地請那名年輕人坐下來，詢問年輕人為什麼要偷東西。

年輕人回答說，他是個學生，和大學裡的同學一起出來玩，但玩樂的花費太多，錢都花光了，沒有錢支付旅館費用，逼不得已只好出來偷錢，沒想到竟然偷到總統家。

柯立芝聽完，從錢包裡取出三十二美元，這剛好夠那年輕人付住宿費和車票錢，他對年輕人說：「這錢不是你偷的，而是我借給你的。」

柯立芝還特地告訴年輕人，守衛就在飯店的走廊裡巡邏，要他最好按照來時的原路返回。

年輕人聽完，從他爬進來的窗口又爬了出去，消失在黎明前的晨曦裡。

這件事成了柯立芝夫婦間的秘密，直到當事人都過世了才被披露出來，據說那名年輕人後來如數歸還了那三十二美元的借款。

在這個事件裡，柯立芝總統可以有很多種處理方式，但是他選擇讓一個迷途的年輕人明白自己的過錯，並且以實際行動幫助他。他認爲讓一名年輕人以偷竊八十美元的罪名交換美好人生未免過於殘酷，所以，他仁慈且寬容地做出這樣的決定。

　　事實證明，他的眼光和做法都沒有錯。

　　作家瑪洛‧摩根說：「你給別人他需要的東西，那才是真正的禮物。」

　　改變自己的思緒，更能達成自己的目的。柯立芝以尊重和信任的態度拉了那個年輕人一把，這份善意成功地傳達到年輕人的內心，讓他願意修正自己錯誤的腳步，那筆三十二美元的借款確實發揮了效用。

　　寬容待人，才能得到寬容的對待；對人尊重，自己也能受到尊重。寬容不是姑息，也不是包庇，而是站在對方的立場上爲對方著想，然後選擇一個對彼此最好的因應方式。

　　只有尊重能贏得尊重，也只有信任才能博取信任，與人相處時，能互相爲對方著想，才能將事情處理得完善美好。

信任自己，一定能到達目的地

信任自己的能力、信任自己的努力、信任
自己的勇氣，這種種信念將會帶著我們抵
達那個嚮往許久的目的地。

以前農夫在趕驢拉車時，總是在驢鼻子前吊著一根紅蘿蔔，驢子為了吃紅蘿蔔，便會加快腳步不停地向前走，農夫連鞭子都用不著。

由此可見，如果誘餌放置得當，通常都能收到很好的效果，省時省力。提升信念，有時也是一種很好的誘餌。

德國著名的詩人海涅幼年時期的學業成績並不好，對學習也沒什麼興趣，更從來沒有寫過一篇好作文，當時根本沒有人相信他日後能成為一個舉世聞名的大詩人。

發現他潛力的人是中學時的一名老師。

那位老師在他的文章之中察覺到他大膽的想像力，更從中看到一株小小的詩苗。他鼓勵海涅不斷寫下去，一定能成為像歌德一樣偉大的詩人。

「我能成為像歌德一樣偉大的詩人？」小海涅很驚訝老師所說的話。儘管他當時連歌德是個什麼樣的人都不知道，但他知道「偉大」是一個很了不起的形容詞，因為他的父親在說起「偉大」

一詞時，說的都是德國歷史上那些名垂青史的英雄人物。

「能，一定能！」老師拉著小海涅的手說：「不過有一件事你要記住，你要向歌德學習。」

小海涅記下了這句話，也相信了這句話。

之後，老師時常告訴他可以向歌德學習什麼，而海涅也確實照老師的話去做，一個任務達成了，再向另一個任務邁進。

老師說，說話要像歌德一樣有禮，他就再也沒有說過一句污言穢語。

老師說，要像歌德一樣好好學習，結果他上課認真聽講的程度，遠超過班上任何一名學生。

老師說，要勤思考、勤寫作，他就專門為自己準備了一本寫作的本子，而且一年要用掉好幾本。

經過多年的努力，海涅真的寫出《北海記遊》、《德國，一個冬天的童話》和《旅行記》等在文藝界產生極大影響的詩歌和散文作品，被公認是繼歌德後德國最重要的詩人。

成名後的海涅，寫了一封充滿感激之情的信給當年那位老師，其中有這樣一段話：「後來我才知道，您說那些有關歌德的故事都不是真的，但他對我的益處卻是真實的。正是有了這一個又一個信念的激勵，註定了我的昨天，也註定了我的今天。」

有位成功人士說：「我一旦注意到某件事，就能完成那件工作，每天做一點，每次走一小步，就能累積起成功。」

成功靠不斷累積而來，經過一點一滴的努力，最後一定能歡呼收割。

海涅的老師就是這樣讓海涅對文學產生興趣。

　　他給了海涅一個可供努力的目標，一個可以追求進步的方法，一步一步引出海涅內心的潛能，讓海涅相信自己可以成功，自然會願意去追求成功。

　　改變思緒，就能改變面對事情的情緒；信任自己的能力、信任自己的努力、信任自己的勇氣，這種種信任將會累積成我們對人生的一股堅強信念，引導我們前行，促使我們朝著目標方向前進。如此，總有一天信念將會帶領我們順利抵達那個嚮往許久的目的地。

播下愛的種子，回收快樂的果實

我們的喜悅得自他人，也將喜悅施予他人；
得到他人了解，也試著去了解別人；得到他
人的友情，同時也給予我們的友情。

「勿以惡小而爲之，勿以善小而不爲」，這個道理很多人知
道，卻也有很多人做不到，有些人或許可以要求自己不行小惡，
卻不願意主動幫助別人，就算是再微不足道的事情也一樣。

這種人不會傷害別人，但也從不做對自己沒好處的事，更怕
自己出手幫忙只是做白工。或許他們並不明白，善與愛的真正力
量是如何強大。

一九七九年，英國考文垂市的房地產商傑弗里夫婦生了個男
孩，取名蓋洛普。長大後的蓋洛普心地善良又愛幫助人，但不幸
的是，在二〇〇〇年三月六日，二十一歲的蓋洛普在開車去田野
寫生時遭遇車禍。

蓋洛普臨終之前只留下一句話：「我要捐獻眼角膜，讓我的
眼睛再次看到這個世界的陽光。」

他的父母縱然哀傷，仍然振作起來，完成了兒子的心願。

但是，想不到接受蓋洛普眼角膜移植的人班克斯，竟在同一
年年底因爲槍殺警員被逮捕歸案。

蓋洛普的父母得知這一件事時，感到十分憤怒，立刻寫信給負責器官移植的機構，責備他們不該將他兒子的眼角膜交給這種壞人。但是，負責器官移植的機構卻表示，他們無權調查等待器官移植患者的個人資料，只是按登記順序來決定由誰接受移植。

這個消息被媒體報導出來，蹲在臨時羈押所裡的班克斯也從看守遞給他的報紙上得知這個消息。

從報導裡，他知道那名捐贈眼角膜給他的青年是個極為優秀善良的人，一時之間受到強烈的震撼和感動，發誓：「如果我死了，我願意捐獻自己身上一切有用的器官給那些需要它們的人，以此償還我欠下的血債。」

但是，許多人並不相信班克斯的懺悔。

二○○一年四月十一日，班克斯被判終身監禁。某一天，傑弗里夫婦來到監獄探望班克斯。

「我們不是來看你的，而是來看兒子的！」傑弗里太太哽咽著說：「如果你能夠洗心革面，我們會原諒你，因為你的生命中有我兒子的一部分。」

當班克斯聽到蓋洛普臨終前的那句話時，他的淚水洶湧而出，那一刻，他真的為自己的所作所為感到愧疚。

二○○一年八月五日，班克斯和幾名重刑犯坐在一輛警車上轉移到另一所監獄，可是途中意外地發生車禍。

在這場車禍中，班克斯是最後一個爬出車廂的，他看見其他三個重刑犯已經制伏兩名受重傷的警察，並用搶來的鑰匙解開了腳上的鐐銬。

班克斯知道自己無法制止犯人的行為，於是急中生智地假意附和他們，用鑰匙解開鐐銬，然後出其不意地將警察掉在地上的自動步槍搶到手上，逼迫企圖逃跑的同伴放棄犯罪計劃。

在與三個重刑犯的拚死搏鬥中，他擊斃其中一個犯人，卻被另外兩個人刺傷了腹部，好在兩個受重傷的警察及時出手援助，他才得以活下來。

這個事件鬧得沸沸揚揚，各大媒體都競相採訪班克斯。班克斯說：「我在車禍現場見到了滿地鮮血，於是不由自主地想到將眼角膜捐贈給我的蓋洛普，我不能讓蓋洛普失望，讓他看到的只有罪惡和黑暗！」

班克斯心中的善，因為一對眼角膜而成功地被呼喚出來，這就是善與愛的力量，蓋洛普的良善在那一刻復活了。

回饋是人們的本能，當我們接受了別人的恩惠，就會覺得有必要加以償還，不管是實質上，還是精神上的。

在接受別人對我們的好時，抱持著感恩的心情，我們也將會找到回報眾人的方法。若覺得行善不易，或許我們可以試著學習從分享開始。

我們的喜悅得自他人，也將喜悅施予他人；得到他人了解，也試著去了解別人；得到他人的友情，同時也給予我們的友情。如此，就能得到更多精神上與實質上的回報。

主動撒下愛與善的種子，以寬容與尊重灌溉，有一天我們就能回收快樂與幸福的果實。

「不可能」只是主觀的認定

「不可能」是一種個人主觀的判斷，就算
有千萬人覺得不可能，只要有一個人不相
信，就會化「不可能」為「可能」。

　　有齣連續劇裡，男主角某天整理抽屜時，發現一本已經買了
極久卻始終沒看的書，他感嘆地說：「買書的人一定是因為覺得
該看才會把那本書買下來，但是每次提醒自己要看的時候，總又
不免為自己找藉口：『下次再看好了，反正書已經買下，想什麼
時候看就什麼時候看，何必急在一時？』結果經過一年、兩年，
書卻還是沒看，如果這種心態不變，就算經過五年、十年也還是
不會看的。」

　　的確，看與不看都是自己的決定，只要心裡有一點點猶豫就
能找出千百種藉口為自己的行為開脫。

　　換句話說，如果心裡並非真的想做，就會告訴自己那是不可
能做到的，這樣就算沒有完成，也好像是因為客觀條件造成，跟
自己一點關係也沒有。

　　可是，人的行為不就是由自己的思緒和情緒主宰的嗎？怎麼
可能和自己一點關係也沒有呢？

　　林肯曾經在給朋友的信中提到自己幼年時的經歷。

　　林肯的父親在肯塔基有一處農場，上面有許多石頭，正因如此，父親才得以用較低的價格買下它。

　　有一天，林肯的母親提議把上面的石頭搬走，以增加農場裡的耕作面積，但他的父親回答說：「如果可以搬走的話，主人就不會賣給我們了，它們是一座座小山頭，都與大山連著，根本搬不走。」

　　有一年，林肯的父親去城裡買馬，他的母親帶孩子們在農場裡工作。母親說：「讓我們把這些礙事的東西搬走好嗎？」

　　於是，林肯和兄弟姐妹開始挖掘那一塊塊石頭，不久就把那些石頭搬走了。那些石頭並不是父親想像的山頭，而是一塊塊孤零零的石塊，只要往下挖一英呎，就可以鬆動。

　　林肯在信的末尾說，有些人之所以不去做某些事情，是因為他們認為不可能，但其實，有許多不可能只存在人的想像之中而已，並非事實。

　　試想一下，從出生到死亡這一段時間裡，我們能做和該做的事情有多少？真正做到的又有多少呢？

　　那些我們該做卻又未做的事情，又是被什麼阻礙了呢？是否因心中想著「不可能」，就輕易放棄了嘗試的機會呢？

　　「不可能」並不是一項客觀的事實，而是一種個人主觀的判斷，就算有千萬人覺得不可能，也不過是那千萬人自己的想法或是自願附和他人的想法，只要有一個人不相信，就會化「不可能」為「可能」。

　　我們應該為自己的人生負責，人生中的決定終究是要由自己來做，就算旁人如何影響，也是自己願意被影響才會做出那樣的

決定。

　　你對你的所做所為絕對有全權自主的權利，但是你也應該有勇氣承擔自己所做的一切後果，願意為自己的作為負責，這才是真正的自主。

　　做得好、做不好都不是重點，重點在於是否有勇氣和決心去做，如果不敢做或不想做，就不必再費心尋找藉口了。

　　看到別人化不可能為可能，最後功成名就時，也不必羨慕或嫉妒，因為一切的結果，都是你自己決定的。

PART 9

踏穩腳步，
發揮自己的價值

與其汲汲營營權力的爭奪，
　　倒不如站穩自己的腳步，
展現個人的價值。
　　當每個人都成就自己，
權力自能取得平衡狀態。

與其怪罪，不如尋找機會

告訴自己，現在的狀況雖然不好，雖然之
前的行為、決定有誤，但即使有錯，也還
有悔改的機會。

不知道你是否曾經認真思索「挫敗」這個感受發生的原因為
何？自己為什麼會感到挫敗？

其實細究原因，通常是因為我們達不到自己的期望、滿足不
了別人的期許，因為我們對自己的表現和最後獲得的結果感到不
滿意。在我們對自己感到不滿意、感到不甘心的時候，自然會感
到挫敗。

當我們感到挫敗的時候，會對別人的眼光百分之兩千地在意，
而且會將對方的好奇視線自動解讀成挑釁和輕蔑。

所以，人在失敗的時候，思緒和情緒特別紊亂，特別容易惹
麻煩，即使麻煩不去招惹他，他也會自找麻煩。

世界知名的童話作家安徒生，一生並非一直風風光光，反倒
是大部分的時候都隸屬落魄與潦倒一族。生活是很現的，他的寫
作收入並不足以讓他過著錦衣玉食的富裕生活。

有一天，他戴著一頂破舊的帽子在街上散步，由於他的衣著
實在不怎麼稱頭，帽子也破得不成樣，引得不少路人側目。

　　這時有個路人特別莽撞，脫口而出說：「嘿，你腦袋上的玩意兒是什麼？那能算是帽子嗎？」

　　這一問果然引來安徒生不悅，立刻回敬：「那你帽子下的玩意兒又是什麼？那能算是腦袋嗎？」

　　這樣火藥味十足的對話，是不是很容易引來一場不必要的爭執呢？當然，那個路人很無聊，但是安徒生和一個無聊的人計較，豈不也同樣無聊？

　　兩人都是無事生非，也一樣自找麻煩。

　　人生中每一個挫折都和自己有關係，也都是自己造成的，外在因素縱使會對事情有所影響，但都是個人自我的決策造成最後結果。

　　例如，若是你對自己的工作薪水少得可憐這件事感到在意，那麼又是誰命令你做這份工作的呢？

　　如果你說是因為沒有別的工作好做，或許你該先問問自己為什麼會走到如此地步？

　　換言之，遭逢失敗的時候，把自己的挫折怪罪到別人頭上的人更加倍可悲，因為他連面對自我、檢討自己的勇氣也沒有，寧願選擇逃避，怪罪別人更甚於反省自己。

　　如果每一種挫敗都是自己造成的，我們首先該檢討的當然是自己，但是我們最先該原諒的也應該是自己。

　　畢竟，如果你不試著原諒自己，給自己一個重新再出發的機會，便會永遠停滯在挫敗的那個地方。

　　告訴自己，現在的狀況雖然不好，雖然之前的行為、決定有誤，但即使有錯，也還有悔改的機會。然後，再下定決心走出挫

敗，積極邁向成功。

如果，之前的目標定得太高，那麼下一次調降點標準；如果，別人的關注眼光太過刺眼，就學著輕忽他人的目光；如果是自己的努力不夠，就想想該從什麼地方開始加強自己。

既然有了「自己」這個主詞和受詞，那麼你可以選擇「前進」作為動詞，相信會帶來不錯的成果。

自我解嘲是幽默，嘲笑他人是尖刻

能夠自我解嘲的人，表示有足夠的氣度看待
自己的缺點，但是只看到別人缺點的人，恐
怕就不夠厚道而顯得尖酸刻薄了。

　　每個人都有自己的缺點，當缺點被攤開來檢視的時候，不論
對自己、對別人都是一個極為尷尬的時刻。

　　不過，如果當事人懂得適時以自身缺點開個小玩笑，往往能
夠即刻化解雙方的尷尬，讓對方感受到自己的氣度與雅量，同時
也能以幽默的技巧成功地化危機為轉機。

　　比方說，有個前額空虛的人走進電梯時，發現電梯內有位乘
客忍不住直盯著他額頭看，兩人視線交會時，電梯裡的氣氛必定
相當沉重。

　　這時，此人當然可以瞪回去，或是破口大罵一句：「看什麼
看！」但這種應對方式必定使氣氛更僵。

　　如果這時候，他能夠輕鬆幽默地意外爆出一句：「你瞧，我
的頭挺光亮的吧，這可是上帝讓我變得富有所付出代價的標記，
可惜我老想和祂談談其他的交換條件！」

　　由他先打破沉默，由他先釋出善意，如果對方不是惡意找碴
的話，此刻應該會鬆了好大一口氣，同時報以一個歉然的微笑，
一方面對自己無禮的注視表示歉意，一方面為對方的好風度感到
敬佩。

　　法國滑稽喜劇作家喬治‧費多曾以《馬克西姆家的姑娘》一劇轟動一時，但是他並非從初寫劇本時就大鳴大放，也曾經寫過不少不受觀眾青睞的戲劇，不但前去欣賞的觀眾稀稀落落，而且還有人大喝倒采。

　　有一次某劇首演時，觀眾反應非常不理想，落幕時一大堆人起身喝倒采，只是其中竟然也包括喬治‧費多自己。他的朋友見了非常驚訝，拉著他的手臂大叫：「你是瘋了嗎？」

　　喬治‧費多苦笑著對朋友說：「唉，這樣我才聽不見別人的聲音，也才不會太過於傷心。」

　　由當事人開口自我解嘲，不只能讓傷害降低，同時也先一步令對方不好意思拿自己的缺點做文章，以免對自己造成更大的殺傷力。這是幽默形成的力量，用笑聲化解僵局，同時也藉笑聲軟化衝突，使自己的缺點不再是個缺點，反而轉換為一種風趣。

　　但是，同樣的說法若不是由當事人口中說出，而是由旁人開口，反而會變成一種危機，很有可能被誤會為「惡意批評」，讓對方決定展開反擊。因為這句話非但沒有幽默的「笑果」，反倒會讓「有心的聽者」心裡產生芥蒂，這份芥蒂恐怕會演變成一顆人際關係中的不定時炸彈。

　　例如，當老公抱著老婆的時候說：「老婆，妳最近抱起來的感覺得不一樣耶，是不是有啦？」

　　這句話聽在一位正想懷個寶寶的老婆耳裡，和一位正煩惱自己因過年大魚大肉而小腹微凸的老婆耳裡，聽起來恐怕會有非常不一樣的效果，也會有非常不一樣的結果。

笑話要令雙方都能理解並有所體會才能產生最佳效果，如果兩人各彈各的調，不但雞同鴨講，還有可能讓對方誤解，特別是兩人的關係尚不夠熟識之前，更易發生這類情況。

　　因此，拿別人的缺點開玩笑之前，首先要確定對方能理解你的玩笑，也能確認自己並無惡意。

　　例如，如果和同一種族的人開個種族玩笑，恐怕無傷大雅，但如果和不同種族的人開個種族玩笑，就可能因此釀成大禍。

　　或許有人會想，不過是個玩笑嘛，有必要這麼認真嗎？

　　但問題就在於同樣一件事情，對某甲來說可能很有趣，對某乙而言則完全不是這麼一回事。

　　回到前面所說，為什麼由當事人開口自我解嘲會比較沒有問題，而且能產生輕鬆幽默的效果呢？這是因為，由當事人提起這個話題，便表示當事人對這個話題可以接受的程度較為寬廣，其他人也能由當事人所開的玩笑中，覺察玩笑的尺度。

　　事情總有一體兩面，能夠自我解嘲的人，表示有足夠的氣度看待自己的缺點，但是只看到別人缺點的人，恐怕就不夠厚道而顯得尖酸刻薄了。

敞開心，自然無處不開心

悲傷是我們自找的，歡樂也是我們自找
的，如果想要擁有一個快樂的人生，必須
先自己選擇快樂。

　　時間不斷流逝，不管你願不願意，不管你每天過得開不開心，
不管你是不是遇上什麼悲慘的事，時間都不停地往前走，地球依
舊繼續轉動，明天太陽還是會從東方升起。

　　那麼，又為什麼要為了眼前的苦痛而執意埋首於泥沼之中呢？
若決定要待在黑暗的屋裡，屋外的陽光就照不進你心裡。

　　有許多人一遭遇挫折，便覺得人生無望。開口告白卻被人甩
了、拍上司馬屁卻拍到馬腿、老婆刷下大筆卡費結果銀行找上門
討債……等等，很多事都會令人感到挫折和沮喪，但是你我都很
清楚，每個問題終究會有個解決的辦法，只需要改變思緒，選一
個自己能接受、能承擔的就好。

　　以前有個年輕女孩，以精明的理財頭腦反將廣推信用卡的銀
行一軍，從「卡奴」變身為「卡神」，令眾人嘖嘖稱奇。

　　看到她面對銀行企圖施壓等等舉動時，仍能不卑不亢地接受
記者訪問，甚至在接受訪問的時候扮醜婆婆自娛娛人，就令人明
白，她是以極度樂觀的態度在過生活。

危機，不會永遠是危機，只要你能運用本身所能度過困境，這個危機就會成為一個人生轉機。

記得，那女孩曾經參加談話性節目，面對眾人的好奇，毫不在意地說出自己曾經刷爆信用卡成為「卡奴一族」。

但是，當她發現自己已經製造出問題以後，便當機立斷將自己手中的信用卡剪斷，斷絕自己新增債務的可能性，並減低各項支出，同時發奮打工，最後一舉將所有的債務還清，並將這次經驗引以為戒，從此絕不動用循環利息，讓自己回歸生活常軌。

這個女孩的經驗，很多人都有過；這個女孩的做法，很多人都知道。但是，有多少人能像她一樣轉變自己的思緒，勇敢地面對問題，而且堅定地執行解決辦法呢？

沒有人不希望擁有一個圓滿順遂的人生，但我們也很清楚三百六十五天裡不會天天是晴天，再說如果天天放晴出大太陽，日子也好過不到哪裡去，否則當年后羿也不必費事射日了。

如果我們每遇到一個挫折，就要挖個洞把自己埋起來，那麼人的生命恐怕會非常短暫，且生而無歡，活著又有什麼意思？

其實，悲傷是我們自找的，歡樂也是我們自找的，如果想要擁有一個快樂的人生，必須先自己選擇快樂。

真正成熟的人既不會被自己的情緒擺佈，也不會用情緒擺佈別人，他們會冷靜地運用正面的思緒面對問題。

面對挫折的時候，試著以幽默的角度看待困境，會發現問題並沒有那麼嚴重，只要決定並執行解決問題的方法就行了。

放寬心胸看待生命，相信每個人都可以是樂觀且快樂的。

踏穩腳步，發揮自己的價值

> 與其汲汲營營權力的爭奪，倒不如站穩自
> 己的腳步，展現個人的價值。當每個人都
> 成就自己，權力自能取得平衡狀態。

雖然人類社會追求了數千年的平等，但是真正的平等似乎總像空中樓閣一般，看得見卻摸不著，原因或許出在生物之間的權力角力。

人類社會有如天平般，當一方高起，低落的一方就渴望平衡。然而，權力的轉移卻總是像鐘擺一般，盪到了高點就會往低點偏移，因此，權力老處在不平衡的狀態。

既然權力總在個體之間不斷轉移，那麼，我們如何在得權之時企求維持？又如何在失權之時尋求平反呢？

有人說「爭千秋，別爭一時」，因為等久了，就是你的。也有人說「表面上贏，並不一定真贏」，因為贏了面子，說不定輸了裡子。

心機人人都有，目的相同自然勾心鬥角，但倘若目的能有所區隔，反倒會意外取得平衡。也就是說，若是有人要面子，有人要裡子，只要各自退讓一步，自能皆大歡喜。

新婚之夜時，新郎和新娘討論著未來一起生活的計劃。

新郎說：「親愛的，我們商量一下咱們婚後的生活吧。妳說，妳要當總統還是副總統呢？」

新娘面帶羞怯地說：「親愛的，說什麼總統、副總統的，這些我可不能勝任，我只要當個小小的角色就行了。」

新郎滿心愛憐地將新娘攬入懷裡：「那妳說，妳要當什麼角色？」

新娘依然細聲細氣地回答說：「我只要當個家庭會計師，幫你總管家中財務就可以了。」

掌管經濟大權是大角色還是小角色，每個人都自有定義，但若這位新郎未和新娘有共同默契，那雙懷抱嬌妻的手恐怕會微微顫抖吧！

這也就是為什麼大男人和小女人、大女人和小男人的婚姻多半會相安無事的原因，因為當大男人遇上大女人時，雙方同時都想掌權，兩人得先分出個高下不可，紛爭自然時時不斷。

在人與人的相處過程中，彼此包容的力量相當重要。有人會擔心，當忍讓變成習慣，久了對方便會得寸進尺，這豈不是令自己難有翻身的機會，所以堅持非爭不可。

但是，換個角度想想，如果將忍讓視為達成目的的手段，透過這段過程，心裡應該很清楚，在忍讓的同時我們也會在過程中有所收穫。

以職場為例，假設辦公室裡有人事事想爭第一，企求吸引所有人的目光，成為一個發光體，那麼他首先必須要有發光的本質，而且必須努力設法維持自身恆久的亮度。

相對的，那些長久待在光源照射不到的陰暗處的人，雖然不

容易得到眾人的目光與掌聲，但不也擁有了不受矚目的安全角落呢？鶴立雞群自然威風，然而樹大招風也是不爭的事實。

　　處於權力中心或許能獲得許多利益，但是為了得到這些利益，卻也相對要付出許多代價，更要負起相當大的責任。換言之，大角色有大角色的風光與難處，小角色有小角色的優點與價值。

　　因此，與其汲汲營營於權力的爭奪，倒不如站穩自己的腳步，展現個人的價值，當每個人都約束自己、成就自己，權力自然能取得平衡狀態。

投其所好，才能收得成效

父母想要事半功倍，就要敞開心胸了解自
己的孩子，找尋他們真正聽得進去的方
法，才能投其所好，收得成效。

　　每個人都有成家立業的可能，每個人都有生兒育女的機會，
只是，生養一個孩子實在是件極不容易的事情。

　　有人計算過，把一個孩子養到大學畢業，就得耗盡千金，何
況養孩子不是只讓他吃飽喝足便行，而是要將他「教育成人」，
教育他成為一個真正的人，這是為人父母應盡的義務。

　　畢竟，沒有人要求他們一定得為這個世界帶來新生命，但是
他們仍舊製造了生命，自然有義務要使這些生命成為讓世界順利
運轉的份子，而不是破壞秩序的亂源。

　　現代人的生活豐富、科技進步，但和古代人毫無差無別的，
是現代人製造孩子的方式。只不過孩子生出來後，該怎麼養、怎
麼教，現代人比起古代人更多了好幾千年的經驗傳承。

　　教育學在近代已有蓬勃的發展，強調讓孩子自由學習、全面
開發智能的教育方式不斷推陳出新。

　　同時，因為對孩童心理、生理的種種瞭解日益豐富，對於兒
童情感的培育、社會人際關係的建立……等等，也成為教育界極
度重視的一環。

　　只不過，理論發展得再蓬勃，充其量也只是理論而已，教育

問題仍舊存在，而且越顯複雜。要解決這些問題，關鍵不在於選擇用什麼辦法，而在於採取何種態度。

你想要教養出什麼樣的孩子？你希望你的孩子成爲什麼樣的人？你了解你的孩子具備什麼樣的特質以及他真正的需求嗎？

這些都決定了你對待孩子的態度。

夜深了，孩子卻還不想上床睡覺，這個問題對許多母親來說，都是一大困擾。有些人軟語相求，也有些人嚴厲威脅，但不論採用何種辦法，都不能保證一定奏效。

有個母親想了一個法子，在孩子該上床就寢的時候跟孩子說故事。

由於兒子最近瘋狂迷上郵差的種種事情，於是母親說了個郵差送信帶來好消息的故事。果然，兒子聽得津津有味而且興致高昂，儘管睡眼惺忪了，還是強睜著眼不肯睡覺。

於是，她對兒子說：「既然你還不想睡，我們就來玩一個遊戲。」說到玩遊戲，兒子果然欣然同意。

她接著說：「假裝你的床就是一個信封，而你就是一封寫著好消息的信。」她在兒子身上到處搔癢，佯裝寫信，逗得兒子咯咯發笑。

她又說：「信寫好啦，我們現在要把信裝進信封裡囉！」孩子高興地跳上床，鑽進被子裡。

「然後，一定要貼上郵票，信才能寄到。」她一邊說，一邊在孩子的額頭上親了一下，再輕輕地拍撫。最後，總算把兒子這封「精力充沛又頑皮可愛的信」，順利郵寄到「夢鄉」裡啦！

說故事是很簡單的事，玩遊戲也是很簡單的事，但很多父母卻常常搞不定。這告訴我們，即使方法對了，也要有正確的態度，才能順利達到目的。

　　送孩子上床睡覺可以不用親子大戰三百回合，也可以不用彼此鬥智，孩子就乖乖去找周公報到，因為睡眠本來就是孩子的需求，只不過偶爾會和他們積極探索世界的需求衝突罷了，只要能體會暫時安靜休息的好處，他們也不愛和自己的身體過不去。

　　可是，有些父母就是沒耐心，不讓孩子按部就班地發現自己的需求，而是直接強硬要求，但這反讓孩子認為父母趕他們上床睡覺的行為可疑，當然就更加不願上床。

　　故事中母親的做法非常簡單，能成功的關鍵在於，她對自己兒子充分了解。她明白孩子的喜好，並有足夠的耐心引導孩子，因此能成功滿足孩子的需求，同時也達到她的目的。

　　父母希望子女聽話懂事是理所當然的期望，要孩子聽話也有千百種管教方法，但為人父母者要想事半功倍，最重要的就是敞開心胸了解自己的孩子，找尋孩子真正聽得進去的方法，才能投其所好，收得成效。

最簡單的也可能最困難

人類有無窮的可能性，只要有堅強的意志，再難的問題也能找到成功解決的方法，再難的任務也能完美達成。

　　有一首歌名叫「蛋炒飯」，內容強調炒蛋炒飯雖然聽起來很簡單，但是執行起來卻異常困難。

　　所謂「知易行難」，如果不曾痛下苦功，反而不容易把最基本的事物呈現得完美圓滿。

　　這是因為，當所有人都認為事情很簡單時，成品就分外不容易符合所有人的期待，相對的，所有人的要求標準也會跟著提高許多，如此一來，失敗的機率自會增加。

　　除此之外，個人的認知也會左右最後的成效。如果自以為事情很簡單，抱持著輕忽的態度面對，很容易就做出錯誤的判斷，在事情發生變化的第一刻也難以立即做出應變，古老寓言「龜兔賽跑」中，早就傳達這樣的啟示。

　　但反過來說，如果一下子就把問題導入深處，在尋求答案的時候，也很容易故步自封，把自己困死在牛角尖裡。

　　布朗先生是一位學識極為淵博的教授，有一天他和年幼的孫女聊天時，竟被孫女提出的問題難倒了。

孫女問他：「爺爺，我看見一種非常奇怪的東西，不知道您知不知道那是什麼？」

布朗先生要小孫女試著描述一下那個東西的長相。

小孫女偏著頭想了好一會兒才說：「那個東西呀，它沒有腿，我看見它靜靜地從廚房地板上溜過。爺爺，您說那是什麼呢？」

布朗先生腦中閃過的第一個念頭是「鬼」，但是又不相信孫女竟會看見鬼。可是，左想右想就是得不出合理的答案。最後，他只好認輸，問孫女：「那究竟是什麼呢？」

小女孩目光狡黠地說：「是水啊，爺爺！」然後，很開心地笑了。

布朗先生當然是被小孫女給耍了，然而這個玩笑之所以能成功，也是因為布朗先生自己先把問題想難了。

從以上的例子，我們可以看出為什麼「腦筋急轉彎」會引起一時的風潮，因為越是轉不過來的死腦筋，越容易被這些問題考倒，偶爾做做這種腦內運動也是一件健康的事。

一開始就把簡單的可能性排除，往往是知識越高的人越可能有的毛病。他們不相信問題可能有那麼單純的答案，於是一味在問題裡攪和，殊不知，有時候發生問題的原因與解決辦法，正是這麼簡單而已。

所謂「知難行易，知易行難」，難易存乎一心，想得困難，事情就變得複雜；想得簡單，問題也就跟著單純化。

當然，將問題單純化並不一定能夠很輕易地解決問題，因為有時候我們會發現，原來最簡單的也最難做到。

例如，每個人都知道準時的重要，但有人早晨時就是爬不起

來，能夠多賴一秒是一秒；每個人都知道健康飲食的重要性，可是美食當前，就是無法只任由口水直流，非得滿足口腹之欲不可。同理，很多事情都很簡單、很單純，但是做起來又何其容易？

然而，再難也有成功的可能，就看你願不願意去做而已。人類有無窮的可能性，只要有堅強的意志，再難的問題都能找到成功解決的方法，再難的任務也能完美達成。

追尋完美，也欣賞不完美

不能欣賞曲線的美，就只能深陷在「畫不了直線」的挫敗中。多體貼自己一點，多愛自己一點，會讓我們表現得更好。

村上春樹曾寫過一本書，名爲《遇見百分百的女孩》，故事描述男孩偶然遇見一位百分百的女孩，女孩的一切看起來都是百分百完美，都恰恰符合他心中的渴望，可是男孩太害羞，錯過了女孩。不過奇怪的是，當多年以後他再度遇到女孩時，卻不再覺得女孩是當年他認定的百分百完美了。

圓滿會讓人覺得安定，會讓人覺得滿足，也會讓人覺得乏味。畢竟，就是因爲我們有所匱乏，才會刺激我們不斷追尋，激起我們前進的動力。只不過，我們其實很難耽於圓滿，因爲人並不是那麼容易獲得滿足。

每個人對完美形象都有自我的一番刻畫，偏偏這份刻畫是活動的，是會隨時改變的。隨著我們自身成長、經歷，看待事物的眼光逐漸改變，對於完美形象的要求也越來越嚴苛。

既然完美難以達成，爲什麼我們又如此汲汲追求呢？

說穿了，就是那種不安定的感覺激發了我們。當我們缺少一角，那一角的空虛會讓我們忽略了其他所有。例如，當我們覺得

缺錢時，就會努力追求金錢，卻忘了其他諸如家人、健康、愛情等等部分，總為了那一角的匱乏，甘願以其他所有去交換。

為了追求那難以擁有的完美，我們不斷地鞭策自己，一再地付出所有。我們將生命的繩子拉得死緊，緊到再多用一點力就會繃斷。

好還要更好，是對自己的期許；在不好中求進步，是對自己的包容。有人只喜歡直線，手畫不直就拿尺畫，但若是用放大鏡甚至顯微鏡仔細觀看，就會發現其實根本沒有一條是真正的直線。此刻要是不能欣賞曲線的美，就只能深陷在「畫不了直線」的挫敗中。

有個小孩打算自己幫愛犬蓋間狗屋，爸爸前來關心他的工作進度。

當小孩釘完最後一根釘子，自我評論說：「嗯，我切割木板的時候，怎麼鋸也鋸不直；敲釘子的時候，有幾根釘子就是敲彎了也拔不出來。不過，大致上我還做得不錯。」

這種想法是不是很令人輕鬆呢？在我們追求卓越的時候，何不花點時間稱讚自己。「很好，你已經在前往『卓越』的路上了，繼續加油！」多體貼自己一點，多愛自己一點，只會讓我們表現得更好。

我們知道好的狀況不會恆久存在，但是不好的狀況也是，不是嗎？壞天氣總是會過去的，如果在晴天裡還有壞心情，那也未免太可惜了。

活得快活，才是生活

我們越是懂得幽默，生活中的種種難題就
越不容易影響我們，反而使我們鍛鍊出更
堅強的意志面對問題、解決問題。

有一句話說：「人生苦短，及時行樂。」

以前，總以為這句話是虛無派的嬉皮才會說，直至走到今天，
才明白懂得及時行樂的人是多麼聰明。

每一種生物都有欲望，只是人類的欲望不論是在內容或品質
層面上，要求都比其他物種高出許多。例如，人不但要吃，還要
吃得美味；不但要穿，還要穿出品味；不但要生活，還要生活得
快活……。對人類來說，欲望是永遠填補不完的坑洞，而且總是
越挖越深。

欲求不滿其實是一件很痛苦的事，寤寐思之、求之不得，更
是輾轉反側，連睡覺也不安穩。可是，真正擁有的時候，卻只獲
得片刻的滿足，無法阻止新欲望產生。

那麼，既然欲望帶給人如此大的影響力，為什麼不乾脆順應
心裡的想法，認真追求、認真享受？

時時享受努力追求之後帶來的成果，不也是一種快樂嗎？

拚命賺錢為的是什麼？是更好的生活品質？還是更高的社會

地位？不論要的是什麼，都應該讓賺來的每一分錢充分滿足自我需求，才不枉費自己耗費時間、精力換取來的金錢。如果努力一輩子，總算賺了一生也用不完的錢，可是，用不完的還能算是自己的嗎？

以前人主張「養兒防老」，把所有的人力財力都放在養兒育女上，為的是老年安穩的生活。可是，當養兒防不了老的時候，我們是不是也應該為自己多打算打算呢？

新聞裡常報導，哪位老先生、老太太的積蓄被兒孫騙光，落得流落街頭的悲慘下場，在唏噓之餘，不免會想這些老先生、老太太為什麼留那麼多錢在身邊，而不用在自己身上？到頭來只便宜了那些不孝子孫。

咬著牙努力，是為了享受努力後的成果，如果連享受的時間都沒有，這麼努力又所為何來？

多愛自己一點，多為自己著想一點，如果還留下一些，就拿來回饋曾經為我們付出過的一切，或許，這就是最好的生活態度。

可以笑的時候要盡情歡笑，那麼在哭的時候，會知道自己曾經為了什麼笑過，至少，那份快樂的回憶能多少安慰被淚水浸濕的心。

生活中需要更多笑聲，我們越是懂得幽默，生活中的種種難題就越不容易影響我們，反而使我們鍛鍊出更堅強的意志面對問題、解決問題。

PART 10

放慢生活步調，
細細品味生活

生活是靠自己過的，

想過什麼樣的日子，

想得到什麼樣的生活品質，

都得靠自己決定。

說得再多，不如動手去做

如果有力氣，就為自己多做點事，為自己
多做點努力。只用嘴巴說卻沒有動手做，
那說得漂亮的目的何在？

　　動口不動手、光說不練是現代人的通病，而且大多數人都在
探詢成功的捷徑，忘了必須有積極作為才可能有一番成就。

　　童話作家安徒生曾經提醒我們行動的重要性，他說：「凡是
能衝向前去的，碰撞出來的火花都是美麗的。」

　　時代正在轉變當中，在強調知識經濟的現代社會裡，勞力不
再是酬庸的標準，當你具備足夠的Know-How，你就能大聲說話，
進而能以智慧換取財富，甚至有些人就是靠耍嘴皮子賺錢。

　　只是，雖然現今社會對口才的要求越來越明顯，但這並不代
表我們真的可以一切只動口不動手。

　　畢竟，沒有經過一段時間努力收集資料、消化資料，再好的
口才也有枯竭的一天。而且，光說不練更是邁向成功的最大障礙。

　　愛因斯坦成名之後，名聲為他帶來不少困擾。

　　舉例來說，有個青年就天天纏著他，要他提供成功的秘訣，
讓他不堪其擾。

　　有一天愛因斯坦實在被煩得受不了，就隨手抓起一張紙，在

上面寫著一道公式：$A = X + Y + Z$，然後交給那名青年。

青年看了莫名所以，便要愛因斯坦解釋。

愛因斯坦耐著性子解釋說：「A 表示成功，X 代表艱苦的勞動，Y 代表正確的方法……。」

青年聽了連連點頭稱是，但他等不及愛因斯坦說完，就急著問：「那 Z 呢？Z 表示什麼？」

愛因斯坦頗有深意地看了他一眼，回答說：「Z 代表少說廢話。」

幾乎可以想見，愛因斯坦是如何努力忍耐青年的騷擾。能夠用如此委婉的方式表達對一個不知輕重之人的不耐煩，實在非有豐沛的幽默感不成。

喜歡說話不是件壞事，但是要懂得聽人說話。

聽完別人所說的，再來回應自己的想法，如此不是比較不容易斷章取義，也比較不容易誤解嗎？

整天只用頭腦想、用嘴巴說，卻沒有動手做、動腳走，那就如設計圖雖然畫得很完美，但因不曾開工過，所以建築物永無落成的一天。那麼，說得再漂亮、想得再完美的目的又何在？成效又是什麼？

同樣的事一問再問，同樣的問題一錯再錯，那麼，這一段時間消逝所換來的收穫究竟是什麼？

我們不是為了懊悔而走人生這一遭，我們不是為了失敗而不斷求取成功，我們希望生命過得有意義、生活過得有價值，就該真正去生活，而不是每天學習如何過生活。

別人的經驗確實可以作為我們的參考，如果我們希望能獲得

　　那樣的人生，可以試試他們的方法。

　　但是，別人說得再好、再美，也是別人的人生，如果我們不曾實地執行計劃，做再多美夢又有何用？

　　如果還有力氣，就為自己多做點事，為自己多做點努力，若是有話，等成功後再說給別人聽吧！

站穩腳步就能不受逼迫

當批評來襲時，站穩自己的腳步，妥善建
立防禦工事，相信不論面對何種難題，都
能成功應對。

既然人是和人一起生活，彼此就會產生利益上的衝突，因為
有限的資源無法由一人獨有，只能與他人共享。

或許是基於這樣的事實，上天給了人類耍心機的能力。

在社會中，你可以運用所有力量去扳倒別人，只要你不被人
扳倒，就能擁有比較多的資源。從這種角度來看，人類之間是互
相競爭、互相壓榨、互相剝奪的，彼此總是互相攻擊。

但是，上帝也給了人類自我防衛的能力。換句話說，只要你
站穩了你的立場，別人就扳不倒你。

就物理學的角度而言，愛因斯坦的「相對論」稱得上是一項
劃時代的理論，不只突破人類過往的認知與觀點，也讓科學研究
有更進一步的發展。

不過，這樣的理論對那時代自然帶來極大的震撼，可說動搖
了原本的理論基礎，至於那些研究與「相對論」相衝突的學者，
更視「相對論」為洪水猛獸。一九三〇年的時候，德國就出版了
一本書，名為《一百位教授出面證明愛因斯坦錯了》，內容正是

對「相對論」的大肆批判與否定。

可是當愛因斯坦聽到這個消息時，卻沒有一般人想像中的氣憤。他僅是聳聳肩，說道：「一百位？幹嘛要找這麼多個人呢？如果真能證明我錯了，只要一個就足夠啦！」

愛因斯坦的說法很清楚，是非黑白總是分明的，如果確實錯誤，再多人說他對也無用；如果確實正確，再多人說他錯也無法改變這個事實。

人受到批評是在所難免的，當你受到批評時，僅是暴跳如雷並沒有太大作用，最好的方法是先聽對方怎麼說，然後再回頭檢視自己有沒有錯。

如果自己一切無誤，那麼對方說再多也不必再聽；相反的，若對方的指證確實有理，就應該虛心修改，畢竟有人能夠幫你把關，怎能不好好珍惜呢？若是對自己有自信，又能保持謙虛心，便不怕旁人惡意批評，也能接受別人的善意建議。

人用不著太過自卑，也不能過於自滿，把準備的功夫做好，做事自然有信心，行事也容易周全。

批評是一種攻擊，也是一種激勵。當批評來襲時，站穩自己的腳步，妥善建立防禦工事，相信不論面對何種難題，都能成功應對。

謙虛，也需要一點誠意

> 姑且不論是要真做作還是假謙虛，都要拿
> 出誠意，才能若有似無地把「欲蓋彌彰」
> 的手法做得漂亮。

　　如果你希望別人誇讚你，那麼你得先降低對方對你的期望，
而後便會予人一種「士別三日刮目相對」的感受，對你的快速進
步與成就感到驚艷，如此一來，讚美之詞便不求自得了。

　　還有，你得掌握自己的思緒和情緒，善用謙虛的語言。因為
當你表現得越謙虛，別人就越覺得你語帶保留，反而不會相信你
的謙遜之詞，對你的印象也會往好方向不斷加分。

　　使用「謙虛」這個絕招要相當有技巧，一旦謙遜過了頭，反
而讓人覺得你是在刻意隱藏，就像在彩色羽毛上披了件破舊的披
風，越是遮遮掩掩，越是引人注目。這種變相自傲的做法就容易
引起對方反感。

　　例如，曾有人問知名語法學專家威廉‧薩費爾究竟是如何成
為權威的。

　　薩費爾神態謙虛地說：「我並不覺得我做了什麼了不起的事
業，除了我在六〇年代編過一本政治辭典，以及當了三十年的職
業作家外，頂多是我在八歲的時候，就躺在床上寫出我第一首詩。

除此之外，我真的沒有做過什麼了不起的事了！」

　　薩費爾的語氣應該很誠懇，說話內容聽起來也頗為謙虛，但為什麼這段話聽起來反而讓人覺得他在吹捧自己，而且假裝得挺不自然？

　　如果薩費爾是說：「我沒有做什麼了不起的事業，只是編過字典，動動筆隨手塗塗寫寫，做過幾首詩而已，算不了什麼成就。」這樣聽起來會不會比較自然也令人敬佩呢？

　　畢竟一個覺得自己沒什麼了不起的人，哪會把成就的細節記得如此清楚嗎？這樣刻意營造，意圖突顯自我成就的說法，很容易讓人反感，忍不住就想回一句：「都說成這樣了，還說自己沒什麼了不起！」

　　所以，姑且不論是要真做作還是假謙虛，都要拿出誠意，才能若有似無地把這個「欲蓋彌彰」的手法做得漂亮。

放慢生活步調，細細品味生活

生活是靠自己過的，想過什麼樣的日子，
想得到什麼樣的生活品質，都得靠自己決
定。

現代人的生活步調過於快速、講究效率，但卻沒有什麼生活
品質可言。例如，雖然桌上擺著美味、豐盛的食物，但卻是狼吞
虎嚥、囫圇吞棗，忍不住讓人想問，這樣吃得出味道嗎？這樣吸
收得了養分嗎？

如果兩個答案都是否定，那真不知道吃這一頓是所為何來？
況且，倘若吃得太猛太快而傷到腸胃，最後還便秘、拉肚子，豈
非更痛苦？

眼見這情況，有人提出一種輕食、慢食的說法，強調吃得少
一點、吃得慢一點，才能仔細品嚐食物原味，也減低身體負擔。

同樣的，放緩生活步調，能讓我們進一步思索到底哪些事情
是我們真正該費心思去做的？哪些不值得花費心力？

有些人為了追求功成名就，每天早出晚歸，但功未成、名未
就之前，家庭就出現問題；有些人為了追尋轟轟烈烈的愛情，心
機用盡卻忘了讓對方看見自己真心；有些人出於對某樣事物的迷
戀，甚至廢寢忘食，也忘了健康……。這麼一來，豈非是為了追

求少數卻忽略了多數？匆匆忙忙、執意執著至人間走了一遭後，究竟留下什麼？

常有人抱怨平時工作太累，一到假日就累得什麼事都不想做，但卻又睡都睡不好，電視也轉台轉到無台可看，難得的假日就這麼莫名其妙地過完了，既沒有好好休息，也沒有好好運用。

產生這種結果該怪誰呢？學不會放鬆、學不會坦然，就會讓自己被瑣事牽制，左顧右盼的結果卻是兩頭落空。

因此，如果覺得累，就好好睡一覺；如果覺得無聊，就好好找些事做；如果真的閒著沒事做，就放寬心情去享受難得的悠閒。

生活是靠自己過的，想過什麼樣的日子，想要得到什麼樣的生活品質，都得靠自己決定、自己想辦法，這一步自己不踏出去，誰也無法將你拉離苦悶煩躁的牢籠。

焦躁與憂鬱都是快速運轉的社會所生的產物，檢視一下自己的生活模式，如果察覺出了問題，那麼此刻就是做出改變的最佳機會。

邊走邊學，讓人生更圓滿

把自己放空，保持學習的心態，人生路上
我們可以邊走邊學習，透過這些學習經
驗，將能獲得更圓滿、美麗的人生。

　　心理學家說，人的心理狀態不斷影響著生理狀態，開朗豁達
的人會積極學習，也會用樂觀的思緒看待問題，至於消極悲觀和
無法掌控自己情緒的人，最後就只能和痛苦煩惱為伍。

　　千萬別讓負面情緒綁架自己的思緒，導致自己走向愁苦陰霾
的黯淡人生，而要保持樂觀的情緒，讓自己面向燦爛的陽光。

　　有時候，人在犯錯時自己是覺察不出來的，如果沒有人適時
加以指正，恐怕會直往錯誤方向前進。

　　老師的工作之所以重要，就是因為他們在我們人生的旅途上，
為我們指引出一個方向，就好像永遠朝北的指北針一般，即使我
們不一定要朝北而行，但是一旦辨明了北方，也就能分清東南西
北，將來不論朝何處走，心裡都明瞭自己前進的方向。

　　經驗是可以分享與傳承的，從別人身上學來的經驗，不論好
壞都是一種指引。「見賢思齊，見不賢而內自省」，賢者的存在
是讓我們師法，而不賢者的存在則讓我們得以自我反省，小心不
要重蹈他人覆轍。

人類之所以為會思考的動物，人類社會之所以為不斷求新求變且不斷進步的社會，就是因為人類的經驗能以各種樣貌不斷地傳承下來。站在巨人的肩上，我們將看得更高，也看得更遠。

生活中，其實處處都有我們可以師法的對象，快樂的人、豁達的人、努力的人、真誠的人……，甚至是惡質的人、無理的人、卑劣的人等等，都有我們可以學習之處。

儘管「三人行必有我師焉」等話語已是流傳數千年的老生常談，但是將這些話放到現代細細思索，仍有其道理所在。

就像照鏡子一樣，你從別人身上看見自己，你會知道你希望成為什麼樣的人，也知道你將會成為什麼樣的人。

透過閱讀、聆賞、體會，我們可以利用全身各感官去體會這個世界的奧秘，每一次的體驗都是一種經驗的學習，不論過程愉快與否，這些感受全都會存到心裡，在必要的時候給人一些啟示。

學習是一條既長且遠的道路，能夠活到老、學到老，始終保持虛心向學的態度是幸福的，因為你知道自己還有什麼地方可以努力，因為你知道自己還有什麼事情可以嘗試。

如此，在人生的旅途上你不會迷失，遇到岔路時也不會感到害怕，因為你知道下一步該怎麼走，又可以往何處走。

繞路不是因為迷惘，是為了顧盼不同的風景。能夠這麼想，心自然就會安定下來，也才能夠不疾不徐地自在前進。

面對這個世界的一切，每個人都要靠自己用心感受，而每一份感受，都將真實地回饋到我們人生中。

把自己放空，保持學習的心態，人生路上我們可以邊走邊學習，透過這些學習經驗，將能獲得更圓滿、美麗的人生。

讓孩子從錯誤中學習正確

錯誤的目的是為了發現正確，所以做錯並
不是就此萬劫不復，而是要從中獲得學習
正確的機會。

嬰兒期是人生中最驚人的時期。怎麼說呢？當一個人在母親
懷胎十月生下來之前，是由一個受精卵細胞分裂成長為一個胚胎，
進而長成一個嬰兒。

嬰兒出生後，又從毫無求生能力的狀態，快速成長為能迅速
處理這個世界所提供資訊的個體，而且這段成長過程僅僅花費數
年即可。研究人類的成長過程，你會發現生命的奧妙之處，而且
不得不感到佩服。

即使是天才寶寶，也是在不斷的錯誤當中學習，才能漸漸成
長。孩子在習得語言之前，是以全身的感官接收訊息，在一次又
一次的錯誤當中，分辨每一種訊息的意涵，並且迅速予以回應。

為人父母者要是能明白，孩子在學習過程中是以怎樣全面性
的努力在適應這個世界的話，或許，父母對於孩子的種種行為會
給予更多包容，並減少許許多多的不耐煩。

瑪麗是個七歲大的小女孩。有一天她問媽媽：「媽媽，我今
天想自己煮雞蛋吃，妳可以教我怎麼煮嗎？」

媽媽說：「很簡單，妳拿一個雞蛋放到開水裡面煮三分鐘後，雞蛋就熟了，只要妳小心控制爐火一定可以成功。」

瑪麗點頭表示聽懂了，她到廚房轉開火，開始煮蛋。可是十幾分鐘過去了，媽媽發現瑪麗還在廚房煮蛋，便急忙去看看到底出了什麼狀況。

媽媽問：「妳怎麼煮這麼久呢？我不是說煮三分鐘就行了嗎？」

瑪麗瞪大眼睛、理直氣壯地回答：「可是這裡有五個雞蛋呀，所以我要煮十五分鐘吧！」

從雞蛋美味的角度來看，瑪麗當然是做錯了，那五個雞蛋肯定硬得咬不動，但因為瑪麗是用自己的認知和理解在處理事情，母親此時若過度責罵，只會讓瑪麗對烹調這件事情產生反感，反而會抹煞她對煮菜的興趣。

因此，還不如讓她吃吃看煮十五分鐘後的雞蛋，讓她明白如果方法錯誤會造成什麼樣的結果。

如果你不打算一輩子煮蛋給孩子吃，教孩子怎麼煮出美味的雞蛋，會是比較妥當的辦法，即使孩子在學習煮蛋的過程中，浪費了一堆雞蛋也無妨。

錯誤的積極意義是為了發現正確，所以做錯並不是就此萬劫不復，而是要從中獲得學習正確的機會。給予孩子更多練習，示範正確的方法，都比花時間指責他們還值得。

孩子犯錯是可以理解的，畢竟他們原本就是從錯誤中學習知識。當他們發現錯誤為他們帶來不便和不愉快，而採取適當行為則能成功達成目的時，不必大人催促，他們就能主動表現出正確

的反應。反之,當他們的錯誤行為會導致某些不錯的回應時,錯誤行為就會一直持續,直到他們感到厭煩。

父母在旁引導孩子時,若能站在孩子的立場設想,相信便能給孩子更多寬容,讓孩子的成長過程更為平順。

因為,當孩子自我發現錯誤的時候,挫敗感就會給予他們強烈的打擊了,此刻實在不需父母再落井下石、火上加油。

當你對孩子抱持著一顆寬容的心,你會發現他們的成長速度和表現其實優秀得不得了,而有你的鼓勵與支持,將會幫助他們更加快速地進步。

負起責任，善盡義務

如果每個人都能負起責任、善盡義務，家庭
的結構將堅不可摧，家族的生命則循環不
已，這能成為一股安定社會的力量。

　　卡耐基夫人認為，所謂幸福的家庭不在於物質的豐富，而在
於充滿愛和理解，以及家庭成員充滿著責任心。

　　因此，卡耐基夫人強調：「不要太在意家庭的外貌和形式，
而要家庭充滿著互愛、溫馨與責任。」

　　當你聽到一個人感嘆「養兒方知父母恩」的時候，那個人已
經清楚明白，自己那段只需要張口要求就可以獲得成果的好日子
已經過去了。

　　有個男人在麵包店買了五個麵包。在回家的路上，他巧遇一
位老朋友，朋友好奇他買那麼多麵包，一個人吃得完嗎？

　　這男人聽了笑著說：「這五個麵包嘛，我吃一個，其中兩個
用來還債，另外兩個用來借貸。」

　　朋友一時聽不懂，便問他為什麼這麼說。他說：「兩個給父
母吃，是還債；兩個給孩子吃，不就是借貸了嗎？」

　　這則笑話道盡人倫關係間的責任與義務是如何運作的。對父
母感恩，為孩子付出，這是家庭關係中最核心的精神與動力。

　　有很多人會抱怨，薪水在分攤給家人之後就所剩不多。出於這樣自私的想法，使有些人即使月入數萬，卻連幾千元都不願拿回家，而且對於兄弟姐妹間誰給得多、誰給得少的事情斤斤計較。

　　可是，一個家庭的維持，是需要每個家人共同付出的，能力高的人拉能力低的人一把，難道不是家人互助的原則嗎？

　　每個人每天都需要吃飯，也需要屋頂遮風避雨，需要衣服取暖……，這些需求在自我能力尚未足以自得的時候，難道不是父母和家人的提供，才使我們獲得滿足的嗎？

　　當然，每個人都有權利處理自己的所得與收入，但是，收入應該在扣除責任費用之後才是自己真正的所得，不是嗎？

　　將「使用者付費」的觀念擺進家庭關係裡或許過於現實，但是回頭仔細想想，當自己使用完家庭資源之後，是不是也應該回饋一些？供養父母是責任，照顧子女是義務，這個循環將一代一代傳承下去，沒有人吃虧，也沒有人佔便宜。

　　可是如果有人蓄意規避責任和義務，這個循環就會被破壞，這一人的得利，會令其他無數人付出額外的代價。

　　從親情的觀點來看，如果每個人都能負起責任、善盡義務，家庭的結構將堅不可摧，家族的生命則循環不已，這甚至能成為一股安定社會的力量。現代人的財富觀已有所轉變，個人主義的興起，使得每個人開始給予自己更多關注。只是，當你給予父母、孩子的關懷變少時，會讓你們之間的情份變得淡薄，未來你所能收受的部分也相對變少了。如果能了解這個道理，在為家庭付出時，也許就不會再感到不甘願了。

真愛，是尊重包容對方的一切

在愛情的世界裡，愛是前提條件，尊重是
附帶條件，兩個人唯有具備為對方著想的
心，才有可能繼續一起走下去。

前陣子有個很熱門的話題，就是日本網路上流傳的真實故事
「電車男」，這個故事不只被轉化為實體書出版，更被搬上大小
螢幕，讓許多人沉浸在濃濃的純愛氣氛中。

這故事的內容非常簡單，就是其貌不揚的拙男愛上美女。男
孩喜愛動漫電玩，不擅與人相處，只敢在網路世界裡發聲，與他
同性質的人被取了「御宅族」的稱號，意思是指足不出戶、熱衷
虛擬世界的人。

外表不修邊幅的拙男對愛情毫無自信，不過生平第一次「英
雄救美」，就讓他結識了從來未曾想像能遇上的戀愛對象，再加
上無數網友的支持，以「電車男」為暱稱的男孩，展開了一場別
開生面的戀情。

故事最重要的核心在於，男孩面對女孩時的自慚形穢，以及
為了愛情願積極改變自己的決心，使他願意打從心底改變自己。

然而，這樣的理由是很牽強的，因為真實的自己很快就會跳
出來和理想、偽裝的自己爭鬥。

幸好，故事最後有一個圓滿的結局，當男孩的偽裝破裂、被
迫露出真實的自己時，女孩也欣然接受了。

　　這種結局當然很理想，但萬一女孩不能接受呢？難道就一輩子偽裝下去嗎？在兩人之間容不下一粒沙的愛情世界裡，謊言能有生存的空間嗎？

　　德國自然科學家亞歷山大・洪堡德到喀山拜訪俄國數學家羅巴切夫斯基。

　　當時，他好奇地詢問羅巴切夫斯基：「為什麼您只研究數學呢？我聽說您對礦物學和植物學也有相當深入的了解。」

　　羅巴切夫斯基回答：「是啊，我確實很喜歡植物學，等我將來結了婚，一定要蓋一座溫室……。」

　　洪堡德一聽立刻應道：「那您就快點結婚吧！」

　　羅巴切夫斯基回答得非常幽默，他說：「可惜事與願為，由於對植物學與礦物學的愛好，讓我大概只能終生維持單身了。」

　　人生活的樂趣就在於擁有自己的興趣和能夠相知相惜的伴侶，可惜在羅巴切夫斯基的例子裡，愛情與嗜好不能相容，而一個人的心力有限、時間有限，使他被迫在兩者間選擇一個。

　　從這一點看來，電車男的例子幸運多了，由於他的誠心付出感動了對方，最終使兩個人都願意試著了解對方愛好的世界，兩個人都願意為彼此努力，也都願意為彼此妥協。

　　愛是兩個純潔無邪靈魂的交會，以心換心是愛情的最高境界。

　　愛是一門智慧的學問，既教導我們認識自己，也教導我們理解包容對方，但是許多人卻在愛情的花園裡收穫荊棘。

　　如果你能遇到志趣相合的伴侶，恭喜你，也希望你們能長久

相伴、相知相惜；如果你無法融入伴侶的喜好世界，那麼你只能選擇尊重。

　　在愛情的世界裡，愛是前提條件，尊重是附帶條件，缺了任何一個條件，都可能會造成遺憾。是的，兩個人唯有具備爲對方著想的真心，才有可能繼續一起走下去。

PART II

生命的轉變就在一念之間

生的時候傾盡全力實現夢想，

死亡就不等於生命的結束，

因為我們已在人間留下了美麗的軌跡，

從此活在別人心裡。

朋友可以測量幸福的溫度

如果，你已有良友相伴，那麼請珍惜手中的幸福；如果，你的知心好友還未出現，那麼試著先伸出友誼的手吧！

「朋友，是測量我們幸福溫度的溫度計。」這是英國作家瑪格麗特‧布萊辛頓勳爵夫人對朋友所下的定義。

我們無法獨自存活於世界上，在芸芸眾生之中，能夠擁有知心好友，相知相惜，這是何等的幸福！

在一次大戰期間，有過這麼一個感人的故事，或許那只是千百個動人情節中的一個，但讀過之後，不禁讓人喚起心中的溫暖感受。

兩位患難好友一同在歐洲戰場服役，在泥濘的戰壕中度過艱苦的數月時光，儘管頭頂上飛掠而過的砲火不斷，但兩人相互扶持，感情益發深厚。

在長官的命令之下，即便是威脅生命的危險攻擊任務，也要勇往直前，不可以退縮。

他們必須由戰壕中伺機衝出，向對方猛攻，趁機將隊伍向前推進，有時一連好幾天都只能在戰壕中度過。

雙方攻擊暫休之際，兩個好友就這麼握著槍，滿身泥濘望著

慘淡星光，低聲閒聊。他們聊到了彼此對人生的看法，家庭與希望，以及當有一天回歸故里時想要完成的心願。

然而，戰爭是殘酷的，一次攻擊行動中，詹姆被砲彈擊中身受重傷，他的朋友比爾則僥倖逃回附近的戰壕。戰火仍不停地肆虐，砲聲隆隆，詹姆的情況極其危險，比爾想要衝回去救他，但是被長官拉住。長官認為戰況過於危險，詹姆生還的機率極微，比爾此刻貿然行動，只是平白犧牲，於是他下令比爾待在戰壕裡待命。

就在長官一回身之際，比爾的身影已經衝了出去，周圍火藥味瀰漫，不斷有子彈從他身旁飛過，他的胸口劇烈的跳動，但是這些他都不在乎，他只知道要快一點找到詹姆。

終於，他看到詹姆了，他衝到詹姆身邊，抱起詹姆穿過槍林彈雨躲回戰壕裡。

可是，一切已經太遲了，詹姆的傷勢過重，已經離開人世。他的長官跑過來，大聲地斥責他抗命，並且問道：「是否值得如此冒險？」

比爾毫不猶豫地回答：「值得，我的朋友臨終時所說的話更讓我覺得值得，他說：『我知道你一定會來。』」

詩人惠特曼說：「想要有朋友，自己必須先夠朋友。」

蘇格蘭傳記作家詹姆斯·布斯威爾則說：「我們無從確定友誼是在哪一刻形成的。正如涓滴注水，總有一滴水會讓盆碗漲滿；同樣的，在一連串的善意之中，總有一次會觸動我們的心弦。」

能有朋友相知相惜，是幸福的，但友誼並不會平白無故出現，我們真摯地為朋友付出，某一天我們將感受到友誼帶給我們的溫

暖。

　　比爾從詹姆身上得到的友誼，勝過冷酷的命令，勝過生命的威脅，所以他無論如何也要信守對朋友的忠義。他對朋友的態度，令人感動，這是人性光輝閃耀的一則證明。

　　如果，你已有良友相伴，那麼請珍惜手中的幸福；如果，你的知心好友還未出現，那麼試著先伸出友誼的手吧！

守護最重要的資源

或許從現在開始，我們必須督促自己去想
一想，究竟什麼是我們最重要、也最應該
去守護的事物。

俄國作家屠格涅夫說：「要做同時代人的領袖，當然要比他
們站得更高，有更健全的頭腦、更明確的看法、更堅強的性格。」

這句話的意思很清楚，身為一個領導者，必須看得更遠、想
得更深、做得更努力；唯有如此，才能及早發現問題、掌握重點，
也才能帶領下屬一起守護最重要的資源、一起渡過重重危機。

秦朝滅亡以後，劉邦與項羽為了奪取政權，展開了激烈戰爭。
在一次戰鬥中，劉邦的軍隊敗退到滎陽、成皋一帶。

當時在滎陽附近有一座小城，城內有許多儲藏糧食的倉庫，
因地處敖山，所以稱為「敖倉」，這裡也是當時關東最大的糧倉。

劉邦和項羽在滎陽一帶發生激戰。劉邦守軍兵力不足，險些
抵擋不住，一時又調動不及援兵來相助，不得不棄守滎陽。他本
來打算乾脆把成皋以東的地區全讓給項羽算了，但是又擔心這樣
的決定會不會過於草率，所以特地找來謀臣酈食其，一起商議這
個問題。

自稱「高陽酒徒」的酈食其聽了劉邦的想法，沈思了好一會

兒之後，毅然表示反對。他說：「稱王的人以百姓爲依賴，而百姓又需以糧食賴以爲生。敖倉儲藏了大量糧食，如果放棄這要害之處，等於把資源拱手讓人，這對戰局是非常不利的。」

劉邦聽了點頭稱是，便反問酈食其有何高見。酈食其說：「大王或許可組織力量伺機進兵，以期迅速收回滎陽，同時堅守敖倉，這樣就能改變目前不利處境，爭取一個有利的局面。」

劉邦採用了酈食其提出的戰略，最後終於取得了勝利。

滎陽、敖倉的重要性，相信項羽也是明白，才會派大軍來攻。有了充足的糧草，軍民才能一心而無後顧之憂，幸好酈食其及時給了劉邦正確的建議，才能讓當時較爲勢弱的劉邦，得以有和項羽一爭天下的機會。

劉邦和項羽的差別，最大的不同在於，平民出身的劉邦往往更能體察民意、順應民心，能夠從百姓的觀點去考量，對於多方建言都樂於從善如流，自然有深厚的民意基礎。

懂得掌握、守護最重要資源的人，通常會是最後的贏家。

守護住了最根本的事物，不管眼前局勢如何，總是有東山再起的一天。

劉邦能夠知人善任，深得民心。有了深厚的民意基礎，加上戰略運用得宜，難怪能奪得最後勝利，成爲中國史上第一位平民天子。

孟子說：「樂民之樂者，民亦樂其樂；憂民之憂者，民憂其憂。」意思就是說，將百姓之樂當做自己的快樂，百姓也會以君主的快樂爲樂；將百姓之憂當做自己的憂愁，百姓也會以君主的憂愁爲愁。

懂得為對方著想，對方也會為你著想。

經過一場大雨，沖毀了好幾座橋樑，淹沒了好幾座村莊，千百計的百姓無家可歸、財產盡付流水。

百姓怪罪國家沒有做好防護設施、救災行動緩慢，國家怪罪百姓濫墾濫伐、破壞自然，然而，事已至此，相互怪罪又有何用呢？

很多事情在平常時候看不出重要性，但是一旦失去了、發生問題了，我們才感受到我們的依賴。像「電」這種東西，看不見也摸不著，平時它走它的路（電路），我們過我們的生活，開關一開，電燈就亮、冷氣就涼，在不知不覺中我們已經完全習慣有電的生活，而且對於多用一度電、少用一度電，其實真的一點感覺也沒有。

有一天，電路負載過重，跳電了，在等待電力公司的工作人員前來維修的這段時間，搖著扇子卻悶熱得無心體會古人「輕羅小扇撲流螢」的閒情，只覺手痠心煩。頓時心驚，這個世界的各種資源，其實終有用盡的一天，等到資源用盡那天，恐怕也是人類毀滅之時。

而且如果我們再如此恣意地浪費破壞下去，那一天來臨的日子恐怕不會太晚，更可能快得讓我們措手不及。

倘若我們想要延緩那一天的到來，或許從現在開始，我們必須督促自己去想一想，究竟什麼是我們最重要、也最應該去守護的事物。

快樂不該建築在他人的痛苦上

輕率地放縱自己利用自身優勢去欺負別人，這不是真正的強者，只是一個卑劣的小人。

四月一日是愚人節，很多人喜歡藉由這個名目，在這一天對人開開玩笑，玩玩整人遊戲。

當然，無傷大雅的玩笑可以增添生活的情趣，但是尺度沒拿捏好的話，可是會玩出問題的。再說，被整的人需不需要、有沒有足夠的風度與雅量來看待這個玩笑，也值得商榷。

英國小說家，《浮華世界》一書作者薩克萊說：「世界是一面鏡子，它把每一個人的面容都反射出來。」

我們怎麼待人，就會得到怎麼樣的對待，不要因為輕率和不在乎，讓惡的毒素一點一點侵蝕我們的心靈，讓我們變得罪惡。

說真的，平白無故作弄別人，拿人開玩笑，是一件相當低級的事。

有個年輕的賣魚郎，在海邊擺攤賣魚。有一天，天上突然飛來了隻老鷹叼走了他攤上的魚，他撲過去想把魚搶回來，可是老鷹翅膀一振就飛上天空，他只能忿恨作罷。

他自言自語地說：「要是我有翅膀能飛的話，一定不會放過

你。」

　　他每天都到地藏王菩薩廟前，祈求菩薩讓他變成一隻老鷹，能夠展翅飛翔空中。

　　有一群年輕人看他每天到廟裡祈願，便想整整他，於是故意躲在神桌下，等賣魚郎來許願的時候，對他說：「由於你的虔誠祈求，所以我要滿足你的願望，你到村裡找棵最高的樹，然後爬上樹試試看。」

　　賣魚郎信以為真，真的爬上村裡最高的樹，當他爬上樹頂時，心中有了疑惑與害怕：「天啊，想不到這顆樹這麼高，我真的能飛了嗎？」

　　那群年輕人跟在他背後也來到樹下，故意七嘴八舌地說：「你們看，樹上怎麼有隻大老鷹啊！不知道他會不會飛？」

　　「既然是老鷹，一定會飛的嘛！」

　　賣魚郎心想自己真的變成一隻老鷹，那麼就一定會飛的，於是展開雙手，縱身就往下一跳。

　　幸好，樹下有一灘泥漿，減緩了衝力，只摔斷了手臂。

　　這個玩笑，真是開了過火，如此整人真的有樂趣嗎？看到別人受窘，就會感到快樂嗎？

　　就算真是如此，我們也不應該將自己的快樂建築在別人的痛苦之上，只要想想如果今天立場對調，我們是否能夠承受起這樣的對待，就應該會在行動之前，思慮再三。

　　賣魚郎或許過於天真，但並不代表別人就有權利去利用他的天真而來欺負他。

　　你永遠不知道你所以為「無傷大雅」的捉弄與嘲笑，在別人

的心中會造成多大的波瀾，留下多深刻的印記。

　　許多偏差的觀念，就是由「無傷大雅」累積而來的。今天你認為讓別人羞窘沒什麼大不了，明天可能認為踐踏別人自尊也沒有關係，未來整個人生價值觀可能都會走偏了道路。

　　如果傷害了別人，卻沒有一絲愧疚感，這樣還能稱得上是人嗎？

　　輕率地放縱自己利用自身優勢去欺負別人，這不是真正的強者，只是一個卑劣的小人。當然，我們不需要求我們自己一定要成為一個偉人，但至少別讓自己變成了低級小人吧！

不要讓貪念蒙蔽了雙眼

人人皆有慾望，但只要能懂得如何自我克
制，就不會讓貪念冒出頭，也不致於因為
一時喪失理智而犯下大錯了。

　　偏見，蒙蔽了人們的雙眼，以為鼓脹的皮包，裡頭一定裝滿
了錢；鎖了千百道鎖的保險櫃，裡頭一定放著珍寶；衣衫襤褸的
一定是乞丐，價格昂貴的東西一定比較好……。

　　或許，那是許多人的經驗共同累積下來的常則，但是總有例
外的時候，若我們受制於這些刻板印象之中，很容易就被自己的
偏見給欺騙了，而萌生貪念，做出蠢事而不自知。

　　貪念，則是心靈的盲點。心中有了貪念，就會將慾望加溫到
沸騰，然後讓理智蒸發。更可惡的是，當我們喪失理智地行動，
以為我們自己得到了什麼，結果卻發現那根本什麼都不是。

　　有個計程車司機買了隻錶，空下來的錶盒他就放回百貨公司
禮袋裡，還順手將包裝紙之類的垃圾全部塞了進去，然後就放在
後車座上，打算經過垃圾箱時再拿去丟。

　　後來，有位女士上了車，發現了那個袋子，她隨手摸了摸，
覺得裡頭好像裝了個禮盒似的東西，她心想：「這一定是前一位
乘客忘了拿。」於是，她便趁著司機不注意的時候，偷偷地把那

包東西放到自己的背包裡。等她下了車，打開一看，才發現不過是包垃圾。

在伊索寓言裡也有這麼一則故事。

有一隻狐狸想溜進葡萄園裡大吃一頓，但是柵欄的空隙太小，牠的身體太寬過不去。於是牠狠狠地節食了三天之後，總算潛進去了。

可是，當牠痛痛快快吃完之後，肚子又脹大了，當然又鑽不過柵欄，只好又在裡面餓了三天，才出得來。

最後，狐狸感慨地說：「忙來忙去，還是一場空。」

在中國北方，農家用驢拉磨，怕牠懶惰不肯出力，就先把驢眼蒙起來，再將花生醬抹在驢鼻子上，驢子聞到香味，以為前面一定有好吃的食物，就會拼命的往前衝。

見獵心喜，被眼前的好處給沖昏了頭，不考慮後果，結果花了心思精力，到最後萬事落空，只是徒勞無功。如果我們讓貪念牽著鼻子走，和那被蒙上眼睛的驢子又有什麼兩樣呢？

像故事裡那名女士動了貪念，不惜東掩西藏地做出偷竊的行為，卻發現自己偷到的不過是包垃圾，沒得到什麼好處，倒是得到了小偷的身分。而那狐狸雖然吃了個飽，卻還是得再餓三天，也是沒撈到什麼好處，說不定倒楣點還會被果園主人抓個正著呢。

莎士比亞在《一報還一報》裡說：「過度的飽食有傷胃口，毫無節制的放縱，會使人失去自由。正像餓鼠吞嚥毒餌一樣，人為了滿足天性中的慾念，也飲鴆止渴，送了自己的性命。」

人人皆有慾望，但只要能懂得如何自我克制，就不會讓貪念冒出頭，也不致於因為一時喪失理智而犯下大錯了。

讓心歸零，才不會戴上有色眼鏡

不時檢視一下自己待人處事的態度，看看
我們是不是在不知不覺中被偏見蒙蔽了，
如此方能保持自己心靈的清明。

自信，並非認為自己高人一等，覺得旁人都不如自己，看輕
別人的後果，只會更加顯示出自己的目光短淺，智識淺薄。

一千四百年前杜孟斯隱修院院長馬丁說：「**別看不起你身邊
的兄弟，因為你不曉得聖靈是在你裡面，或者是在他裡面。**」

知識增廣了我們的見聞，但如果不小心謹慎、謙虛行事，恐
怕知識也會讓我們變成狂妄自大、眼界狹小吧！

有個部隊正在進行大規模演習。

其中一個特勤突擊小組由於在執行任務時出了狀況，所以延
誤了返回基地的時間，當他們到達預定地點時，卻見不到前來接
應的直升機的蹤影。

這個小隊的隊長非常焦急，偏偏無線電又連絡不上，到底直
升機是來過又走了，還是也和他們一樣遲到了，他也不知道。

情急之下，他看到附近有一位擺水果攤的老太太，便走過去
問：「阿婆，請問一下，剛才您是不是一直都在這裡？」

老太太點點頭，回答道：「是啊！從早上開始，我都一直在

這裡守著水果攤，有什麼事嗎？」

小隊長客氣地繼續問：「我是想請問您，有沒有看見一隻很大的鐵鳥飛下來，又急著馬上飛走？」

老太太望了望小隊長，詫異地搖搖頭，說道：「鐵鳥？沒有啊！我們這裡不出產這種鳥啊！」

小隊長鬆了一口氣，自言自語說：「沒有看到！那還好，還好，幸虧他們也還沒趕到，不然就糟了！」

老太太慢條斯理地整理她的水果，悠悠地繼續說：「鐵鳥我是沒看見，不過，剛剛倒是有看到一架武裝的戰鬥直升機停在這裡，引擎一直沒有熄火，應該是在等你們吧！」

小隊長登時嚇了一大跳，驚叫道：「什麼？您說什麼？」

老太太後退一步道：「那架戰鬥直升機等不到你們，就先飛走了。年輕人，還好這只是演習，如果是真正作戰的狀況，恐怕你就要像《第一滴血》裡面的藍波一樣，因為沒搭上直升機，而成為敵軍的戰俘囉！」

未曾深入了解，就輕易驟下斷論，是我們常犯的錯誤，也是一項輕率的行為，暴露自己眼界狹小的缺點。

那名小隊長想必會滿臉尷尬，恨不得挖個洞躲起來算了，也絕對不敢再輕視他人，自以為是了。誰說老人就一定昏昧，小孩就一定無知呢？誰說一名百姓裝扮的老太太就一定不懂什麼叫做戰鬥機呢？

美國作家查蒲曼曾經在《傻瓜群相》裡這麼說道：「青年把老人當成傻瓜，老人也把青年當成傻瓜。」

日本大文豪芥川龍之介更說：「傻瓜認為他以外的人都是傻

瓜。」

　　到底誰是傻瓜，應該不言而喻了吧！

　　過去的種種經驗，可能會累積成刻板印象，進而形成偏見。有了偏見，就像戴上了各種顏色的眼鏡，所看到的世界當然也是不同的。不時檢視一下自己待人處事的態度，看看我們是不是在不知不覺中被偏見蒙蔽了，如此方能保持自己心靈的清明，以不偏不倚的態度去看待事物。

找尋最適合自己的生活方式

汲汲營營的結果，得到了痛苦，得到了茫然，因為我們根本不知道自己想要的究竟是什麼。

弗朗克說：「懂得為什麼活的人，無論什麼樣的生活都能演得精采。」

每一個人的本性都不同，每一個人的喜好也都不盡相同，如果強要自己去適應別人的喜好、別人的生活，久而久之就會被自己的鬱悶給嗆死。

就好像穿上了一件不合身的衣服，要不勒得脖子喘不過氣來，要不拉長了褲腳寸步難行，何必呢？

尋找出適合自己的生活方式，挑選最適合自己的生活步調，日子才能過得快樂，不是嗎？

以撰寫田園詩聞名於世的晉代詩人陶淵明，家裡本世代為官，但不幸在八歲時父親便過逝了，而到了十二歲時又死了母親，從此家庭破落。

陶淵明家裡十分窮困，又缺乏經營生計的本領，於是親友們紛紛勸他去謀一個小官來做，好歹生活無虞，後來經由叔父引薦，被任命為彭澤（今屬江西）縣令。

　　彭澤離陶淵明家居的紫桑（今江西九江西南）並不太遠。然而，上任後沒幾天，他就因為不適應為官的繁忙複雜，思念起原來的田園生活，因而產生了辭官歸去的念頭。

　　本來他之所以會來當官，只是為了餬口，實在受不來官僚風氣的盛氣凌人，有天，郡裡派來一位郵督前來視察，這名郵督官威十足，擺明看不起陶淵明，不只是要求排場，還要陶淵明身穿官服恭迎，以示對他的尊敬。

　　違背本心委屈當官的陶淵明，內心早已是百般不情願，加上這廝如此囂張跋扈，使他更不願為五斗米而折腰，於是趁著弔唁妹妹過逝的機會，提出辭呈，只當了八十多天的縣令，便重拾鋤頭回歸田園生活。

　　陶淵明歸隱之後，寫下一篇《歸去來辭》。在這篇賦的序文中，他回顧了自己的過去。一開始，就總結了自己所走過的人生，認為過去雖然已經無法挽回，但未來的事還來得及彌補。

　　意思是出來當官已經錯了，但現在歸隱還不算晚。自己確實曾在人生的路上迷失了方向，好在路途還不算遠，現在及時覺悟到什麼是正確，什麼是錯誤，表示雖然迷了路但知道及時回頭。

　　陶淵明有許多優秀的田園詩作品，正是在他迷途知返後創作出來的。陶淵明雖然文采過人，但是卻無法適應政治上爭權奪勢、媚上欺下的官僚風氣，加上他天性愛好自然，因此，才當了八十多天的縣令就辭官歸隱。

　　田園的生活本來就是他喜愛的生活方式，經過這一次入世的嘗試，更令他明白什麼才是他自己心之所願，即使經濟狀況只能勉強餬口，但知足常樂，怎麼樣也好過違背自己的心意，去做不願意做的事情，所以他安慰自己還好能及時回頭，才能不犯下大錯，迷失了自己的本心還不自知。

社會上有很多既定的標準，好像要達到某種標準才能算得上是有成就。得考上國立大學，得進入國際企業，得開名牌車，得住高樓大廈⋯⋯，於是我們在不知不覺中，被迫將這些目標當成我們自己的目標，汲汲營營的結果，得到了痛苦，得到了茫然；我們看起來好像永遠快樂不起來，因爲我們根本不知道自己想要的究竟是什麼。

韓非子說：「人莫不欲富貴全壽，而未能有免於貧賤死夭之禍也。」意思是說，沒有人不想要大富大貴、保生長壽的，但是人人卻都逃脫不出貧窮、卑賤、死亡和夭折的禍害。

人的生命週期都是一樣的，出生、成長、死亡，無論這中間的過程精不精采，都無法逃離這個由生到死的範圍。既然生不帶來，死不帶去，求來了那麼多又有什麼意義？

何不像陶淵明一樣，勇敢地去嘗試，然後找出自己真正想要的，毅然決然地選擇自我，如此才是真正能得到快樂的方法。因爲，勉強是不會幸福的，只有真正聽從自己內心的聲音，才能找到自我真正的方向。

匈牙利作家斐多菲說：「生命的多少用時間計算，生命的價值用貢獻計算。從物質的消耗中謀求歡樂，才是人生的悲哀。」

享樂是應該的，也是人的本性，但過度了就不好。再說，好吃的東西，吃多了可能會吃出毛病來；財色酒慾碰多了，也不過是更快速地毀壞身體，極樂之後接踵而來的極苦，你我吃得消嗎？

懂得節制、懂得判斷，才能讓我們遠離自我的缺點，免於落入奢靡自毀的窠臼之中。

換個念頭，日子會更快活

——改變看事情的角度，就會找到更好的出路

歌德曾經寫道：「能把自己生命的幸與不幸聯接起來的人，才是最幸福的人。」

幸福的訣竅並不是在幸福中得到快樂，而是在不幸中發掘快樂，因為只有在不幸之中所發掘到的「快樂」，才是構成一個幸福人生的真正元素。

哥爾斯密曾說：「最大的幸福在於我們懂不懂用另外一個角度去看不幸。」

在人生的過程中，如果我們懂得換個角度，知道退一步去看不幸，那麼你就會恍然發現那些原來被我們認為的「不幸」，往往就會在「退一步」的情況下變成「幸福」。

選擇放下，活在當下

——放下偏執的看法，才能快樂活在當下

伊比鳩魯曾經寫道：「人不是被事情本身困住，而是被自己對事情所抱持的看法困擾。」

的確，很多人的生活之所以無法過得快樂，往往是因為心中的偏執作祟，無法放下自己對諸多人、事、物的主觀認知所致。只要懂得放下心中那些纏繞自己的偏見、成見，我們就可以讓自己過以前從來沒擁有過的「智」在快樂生活。

用幽默輕鬆溝通全集

——用輕鬆幽默的心態面對人生

拉布曾說：「幽默是話不投機的救生圈。」

其實，詼諧幽默是彼此交談最好的潤滑劑，也就是說當你遇到自己不感興趣的問題，不知道該跟對方說什麼的時候，就越是必須用極出色的幽默感與對方溝通。

高爾基曾說：「假使過分認真嚴肅地看待人生，那麼人生就會枯燥乏味。」

的確，「人生」自古以來就是「這樣」，不外就是由痛苦、無奈和別離串連而成，然而，當我們面對這樣的人生無常，與其選擇用冷漠的心態來看待還不如用幽默輕鬆的心態來因應和面對。

站在對方的角度說話全集

——讓你的話語發揮最高戰力

作家柯立芝曾說：「言語是人類心智的軍火庫，藏著以往的戰利品，更藏著征服未來的武器。」

要讓語言這項武器發揮最高戰力，就要懂得站在對方的角度，說對方最聽得進去的話語，間接傳達自己想要傳達的意思。

每個人都喜歡聽好聽的話，說好話絕對比做好事更容易達成溝通的目的；想成功，在溝通的過程中，如何把話說到別人的心坎裡，絕對是必修的一門學分。

如果你不知道如何把話說進對方的心坎裡，非但無法達成自己的目的，而且還會使自己處處碰壁⋯⋯

你不能不知道的 把妹心理學全集
——用心追，宅男也能把正妹

作家安·蘭德絲曾說：「男人最大的遺憾，通常就是面對讓自己怦然心動的對象，卻因為畏怯忐忑，未能將心中的愛意表達出來。」

如果你不想讓錯過的愛情成為心中永遠的痛，那麼面對喜愛的正妹，就必須放下忐忑不安的心，大大方方表現出來。千萬不要猶豫不決，也不要害怕遭到拒絕，如果你不適時放電，又怎麼知道和對方來不來電？

想追女人，臉皮一定要厚，只要不患得患失，你就會恍然發現，對方並不像自己想像中那麼難追。

有點心機不算詐全集
——具備一些心機，才不會老是碰壁

愛默生曾說：「成功者並非比失敗者有腦筋，只不過他們比失敗者多了一點心機。」

有點心機不算詐，它只不過是為了保護自己，同時讓自己更順利達成目的。

做人做事必須有一些心機，才不會老是在現實社會碰壁。千萬別以為自己比別人還要認真，比別人還要努力，就一定可以出人頭地；要是你不具備應有的心機，不懂得運用一些必要的手腕，就會像一把沒有準星的槍，很難命中目標。

改變看法，就會改變做法全集
——不要讓錯誤的看法左右你的做法

愛因斯坦曾說：「人只有懂得改變對困境的看法，才能找到衝出困境的方法和做法。」

的確，成功絕大部分取決於身處逆境的時候，是否具備改變主觀看法的勇氣，事實證明，只要你能改變看法，就能改變導致你失敗的做法，幫助你往成功的道路邁進。

富勒曾經寫道：「看法本來是做法的僕人，卻常常變成它的主人。」

其實，一個人失敗的最大原因，除了本身能力不足外，更關鍵的是欠缺勇氣和決心，不敢改變自己死守不放的偏執看法。

放下過去，才有未來全集
——想開創璀璨的未來，先放下哀怨的心態

法國文豪羅曼羅蘭說：「只有把抱怨環境的心情，化作奮發向上的力量，才是成功的保障。」

確實如此，人只有勇於放下不如意的過去，踏實地活在當下，未來才可能充滿希望。不論過去的處境如何不堪，不論過去遭遇多少挫折和磨難，都必須學會放下，用積極樂觀的態度改變現況。

壯志與熱情是夢想的羽翼，自信與堅韌是成功的階梯，只有對生活抱持著積極樂觀態度的人，才能穿越荊棘遍佈的人生道路，度過眼前的難關，開創璀璨的未來……

放下便是快樂全集
——幸福，就從你決定放下的那刻開始

作家卡莉曾經寫道：「幸福是種奇妙的美好感覺，通常會發生在你決定放下的時候。」

當我們不知道什麼是幸福的時候，總是以自我為中心，試圖將所有的人事物緊緊握住，人與人之間才會產生那麼多摩擦、衝突，自己才會被那麼多不值得放在心上的瑣事絆住。

幸福往往從放下的那一刻開始，很多事與其緊緊握住，不如試著放下。當我們懂得放下那些想要牢牢掌控人事物的心思，我們才能找到真正的幸福。

別為小事痛苦全集
——不為小事浪費生命的生活智慧

激勵作家伯頓曾說：「如果世上有地獄的話，那就在人們憂慮的心中。」

確實如此，如果你不想讓自己整天活在「地獄」之中，就千萬別為過去懊惱，也別為未來擔憂，更別用根本還未發生或已經發生的「小事」來折磨自己。

生活中難免會有諸多令人感到痛苦和煩惱的瑣事，但是，除了煩憂之外，人生中還有更多值得開心、讚頌的美好事物等待我們去發掘。既然如此，又何必執著於眼前惱人的小事，放棄讓自己快樂的權利？

一味鑽牛角尖，只會讓自己每天苦不堪言；唯有放開胸懷，生活才能過得坦然自在。

用幽默代替沉默─臨機應變篇
——用幽默的方式化解可能的衝突

美國作家比徹曾說：「只要你能用幽默的方式讓對方會心一笑，對方就會不由自主照著你的意思去做。」

確實如此，幽默往往會製造左右他人決定的效果。遇到不如己意的事情，要當場發飆很容易，困難的是適時發揮機智，用幽默的方式表達自己的意思。

機智與幽默是人際互動的最佳應變智慧。動不動就爆粗口，或是跟別人爭執不休，非但會讓氣氛鬧僵，把問題搞得更難以收拾，更會突顯自己的粗俗幼稚。真正有聰明的人，即使被激怒，即使場面不利於自己，也會臨機應變，選擇用幽默與機智化解可能爆發的衝突。

愛情需要多一點理性全集
——用理性面對戀情，才能擁有美好的愛情

兩性作家桃樂西曾說：「陶醉於愛情之中的男女，通常都不想用理性去面對，總有一天必須面對的愛情現實。」

因為，再如何濃熾熱烈的愛情，終究都會有退燒變淡的一天，當愛情由濃轉淡的時候，如果還不懂得用理性去面對這段已經退「樂」的愛情，那麼就永遠無法讓自己擁有一段真正天長地久的愛情。

談情說愛的過程中，要隨時保持理智，千萬別被自以為是的想像矇騙，更不要認為一切都是理所當然，否則，這段感情很快就會剩下遺憾。

改變情緒，就能改變思緒 全集

作　　者　黛　恩
社　　長　陳維都
藝術總監　黃聖文
編輯總監　王　凌
出 版 者　普天出版家族有限公司
　　　　　新北市汐止區康寧街 169 巷 25 號 6 樓
　　　　　TEL / (02) 26921935 (代表號)
　　　　　FAX / (02) 26959332
　　　　　E-mail：popular.press@msa.hinet.net
　　　　　http://www.popu.com.tw/
　　　　　郵政劃撥 19091443 陳維都帳戶
總 經 銷　旭昇圖書有限公司
　　　　　新北市中和區中山路二段 352 號 2F
　　　　　TEL / (02) 22451480 (代表號)
　　　　　FAX / (02) 22451479
　　　　　E-mail：s1686688@ms31.hinet.net
法律顧問　西華律師事務所・黃憲男律師
電腦排版　巨新電腦排版有限公司
印製裝訂　久裕印刷事業有限公司
出 版 日　2019 (民 108) 年 4 月第 1 版
I S B N◉978-986-389-595-4　　條碼 9789863895954
Copyright◎2019
Printed in Taiwan ,2019 All Rights Reserved

國家圖書館出版品預行編目資料

改變情緒，就能改變思緒 全集／
黛恩編著. —第 1 版. —：新北市, 普天出版
民 108.04 面；公分. - (生活講義；143)
ISBN◉978-986-389-595-4（平裝）
CIP◉177.2

普天之下‧盡是好書

普天出版社
Popular Press